HEINZ WINKLER

Highlights der Kochkunst

gezaubert mit Kräutern und Blüten
150 Rezepte für die Küche von morgen

Fotos: Bodo A. Schieren

WILHELM HEYNE VERLAG
MÜNCHEN

Textredaktion: Wolfgang Glaser
Gesamtredaktion: Ria Lottermoser
Schutzumschlag und grafische Gestaltung: Bodo A. Schieren
Herstellung: Paul Fugmann
Satz: Gloor Satz Repro GmbH, München
Repro: Oestreicher + Wagner, München
Druck und Bindung: Appl, Wemding

Printed in Germany

ISBN 3-453-03977-7

Inhalt

Vorwort

Es gibt vergangene gastronomische Wirklichkeiten, denen man eigentlich keine Träne nachweinen sollte, und andere, deren Wiederentdeckung und -belebung den heutigen essenden Zeitgenossen in frohe Dankbarkeit versetzt.

Ein Rückblick in die Küchen des Mittelalters bietet Beispiele für beides: Wer es sich leisten konnte, tischte zum Essen und Trinken auf, daß sich die Tafel bog, und die Gäste langten zu, bis sie nicht mehr konnten.

Diese Tradition der Unmäßigkeit findet auch heute noch in unseren Breiten überflüssigerweise mehr als genug Bewahrer und Befürworter; große Portionen werden vielerorts nach wie vor mit guter Küche gleichgesetzt.

Zu den auffälligen Erscheinungen mittelalterlichen Kochens zählt aber indes auch die allgegenwärtige Neigung, Speisen reichlich mit Blüten, Kräutern und Spezereien zu färben und zu würzen, wobei man zuweilen des Guten zuviel tat, wie ein zeitgenössisches Lied verrät: *Schaffe, daz der munt uns als ein apoteke smecke.*

Nichtsdestoweniger wußte man in jener Zeit – wie ein Blick in die Arzneibücher des ausgehenden Mittelalters lehrt – nicht nur von der gesundheits- und verdauungsfördernden Wirkung dieser pflanzlichen Würzen, sondern man schrieb ihnen auch zu, vorbeugend gegen eine Reihe von Krankheiten zu wirken.

Schon die Küchen des Altertums hatten sich einer Vielzahl von Blüten, Kräutern und Gewürzen bedient, sowohl wegen ihrer geschmacklichen wie auch ihrer magenschonenden und heilsamen Qualitäten. So verlangt zum Beispiel Apicius in seinen Rezepten nach Rosenblättern, Majoran- und Färberdistelblüten zum Abschmecken von Fleischspeisen und Saucen und führt rund dreißig andere Kräuter und Gewürze auf, die sowohl Aroma wie Leichtverdaulichkeit der Speisen garantieren sollen.

Für einen Koch wie Heinz Winkler, dessen Kreativität und schöpferische Konstanz seit über einem Jahrzehnt mit den höchsten Wertungen der wichtigsten Restaurant-Führer bedacht werden, wäre es ausgesprochen untypisch, hätte er sich nicht herausgefordert gefühlt, aus diesem reichhaltigen Fundus zu schöpfen und sich zu einer Umsetzung oder Neuinterpretation dieser alten Rezepte anregen zu lassen.

Wer allerdings die Originalrezepte kennt und dann verkosten durfte, was Winklers kulinarische Phantasie aus ihnen gestaltet, kommt aus dem Staunen nicht heraus. Hier demonstriert Winkler wieder einmal aufs neue, daß das Kochen eine genuine Kunstform höchsten Ranges darstellt.

Winklers Credo, seine Philosophie des Essens, zielt darauf ab, die Grundsätze einer modernen, leichten und doch raffinierten Küche mit den Prinzipien einer guten und gesunden Ernährung zu vereinen. Mit der sogenannten Gesundheitsküche hat dies alles nichts zu tun, um so mehr mit der treffsicheren Verknüpfung von Aromen mit der wohltuenden Wirkung der Gerichte.

Die über 150 Rezepte dieses Buches legen nicht nur ein beredtes Zeugnis darüber ab, mit welcher singulären Könnerschaft Heinz Winkler Rezepte aus der Frühzeit der Kochgeschichte zu neuem, verwandelten Leben erweckt, sondern auch darüber, daß er die Grundlagen der modernen Kochkunst im Geiste einer gesunden Lebensweise neu durchdacht und gestaltet hat.

Winklers Rezepte sind in der Tat *highlights* der Kochkunst, die das Tor zur Küche des 21. Jahrhunderts aufstoßen.

Der Verlag

Ein Dankeschön

Einem gedruckten Buch sieht man nicht mehr an, wieviel Mühe und Arbeit in ihm steckt.
Doch von der Idee zu einem Rezept bis zu seiner endgültigen Fassung ist ein weiter Weg.
Daß er mir leichter gemacht wurde, verdanke ich der Unterstützung meiner Küchenbrigade vom »Tantris«:

Erwin Fürstauer,
Werner Licht,
Martin Schmälzle,
Gerhard Schwaiger,
Paul Urchs,
Kurt Stetter,
Heinz Beck,
Michael Wollenberg,
Günther Schleritzko,
Dieter Koschina,
Achim Schwekendiek,
Gerhard Bichler,
Christoph Schmeling,
Alex Grandl,
Christian Weger,
Kurt Gasser,
Peter Knogl,
Franz Prauser.

Mein besonderer Dank gilt:

Bodo A. Schieren,
der diesen Band fotografiert und gestaltet hat,

Barchef *Ernst Lechthaler,*
der mit seinen Drinks neue Wege geht und den Mythos »Bar« wieder aufleben läßt,

und

Dr. Robert M. Bachmann,
der das »Kleine Lexikon der Kräuter und Pflanzen« zu diesem Buch beigesteuert hat.

Apropos

Noch eine Dekade, und wir stehen an der Schwelle des 21. Jahrhunderts. Von den vielen Fragen, die der Übergang in ein neues Zeitalter aufwirft, liegt mir naturgemäß eine besonders am Herzen: Wie wird die Gastronomie dieser neuen Epoche aussehen? Wird sie unsere regionale Küche dabei vergessen?
Ich meine, die Zukunft hat längst begonnen. Schon für den Gourmet von heute und erst recht für den der kommenden Jahre gilt die Devise: Bewußt essen, ohne auf etwaige Genüsse zu verzichten.
An die Jahre des Wirtschaftswunders, in denen man sich sozusagen »den Bauch vollschlug«, denkt der Genießer von heute – und wohl auch der von morgen – nur ungern zurück.
Dem *bewußten* Esser gehört die Zukunft. Eine Mahlzeit soll neben dem Genuß auch den Körper in einen Zustand der Belebung versetzen, ihm Energie und Elan geben; vor allem aber soll sie den Genießenden nicht belasten.
Diese Überlegungen waren für mich Anlaß, eine Küche zu entwickeln, die ich als eine Art »Cuisine vitale« bezeichnen möchte und die ganz bewußt ihren Schwerpunkt auf die Verwendung von Kräutern und Blüten setzt.
Mit diesem Buch darf ich sie Ihnen vorstellen.

Heinz Winkler

Kalte Vorspeisen und Salate

Frühlingssalat

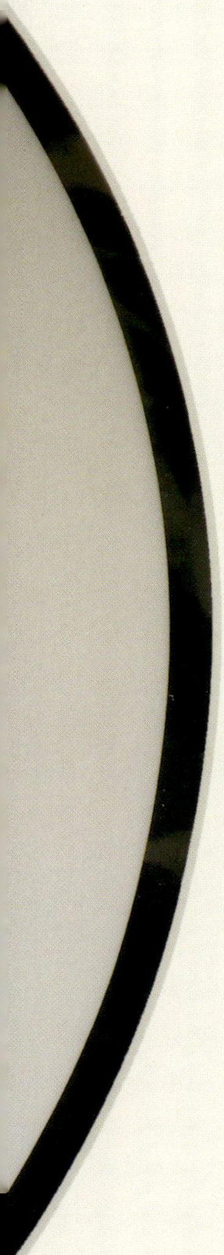

Zutaten:	Zubereitung:
Für 4 Personen	
200 g Sojabohnen *1 EL Öl* *Salz*	Sojabohnen am Vortag einweichen, das Wasser abschütten, mit Öl in Salzwasser weich kochen (dauert im Schnellkochtopf zirka 30 Minuten). Dann durch ein Sieb gießen.
250 g kleiner Blattspinat *50 g Löwenzahnsalat* *2 Bund Radieschen* *1 Bund Schnittlauch*	Spinat von den Stielen befreien, waschen und trockenschleudern. Löwenzahn in Streifen schneiden, Schnittlauch fein schneiden. Radieschen waschen, putzen und in feine Scheiben schneiden.
Tofumayonnaise:	
80 g Tofu, geschnitten *6 EL Wasser* *Saft von 1/2 Zitrone* *1 TL Senf* *1 TL Sojasauce*	Alle Zutaten für die Tofumayonnaise in den Mixer geben und fein mixen. Sojabohnen in eine Schüssel geben und mit der Tofumayonnaise vermischen. Dann Spinat, Löwenzahn, Radieschen und Schnittlauch dazugeben und locker untermischen. Rasch servieren.
Beilage:	
4 Pellkartoffeln	Dazu pro Person eine Pellkartoffel reichen.

Carpaccio von der Bresse-Taube mit Begonien

Zutaten: *Für 4 Personen*	Zubereitung:
Marinade: *0,1 l Distelöl* *½ TL Senf* *1 TL Kerbel* *1 TL Petersilie* *1 Zweig Zitronenthymian* *3 Basilikumblätter* *8 Estragonblätter* *Salz* *Pfeffer aus der Mühle*	Alle Zutaten gut mit den feingehackten Kräutern verrühren und mit Salz und Pfeffer abschmecken.
Salat: *50 g Feldsalat* *½ Kopf Friséesalat*	Feld- und Friséesalat putzen, waschen und gut abtropfen lassen.
Marinade für den Salat: *1 EL Distelöl* *1 EL Balsamico-Essig* *1 TL Rotweinessig* *Salz*	Alle Zutaten gut miteinander verrühren und salzen.
Tauben: *4 Bluttauben aus der Bresse*	Die Taubenbrüste auslösen, enthäuten und von den Sehnen befreien, dünne Tranchen schneiden, zwischen Klarsichtfolie legen und dünn klopfen.
Garnitur: *Begonienblüten*	**Fertigstellung:** Die Salate in der Marinade anmachen und auf Teller verteilen. Die Taubenbrustscheiben durch die gut gewürzte Marinade ziehen und auf dem Salat anrichten. Mit Begonienblüten garnieren.

Kaninchensalat mit Granatapfelkernen

Zutaten: *Für 4 Personen*	Zubereitung:
Vinaigrette: *4 EL Olivenöl* *1 TL Sherryessig* *1 TL weißer Estragonessig* *1 TL roter Estragonessig* *Salz* *Pfeffer aus der Mühle*	Öl und Essig miteinander verrühren, würzen.
100 g Feldsalat *2 EL Kerbel*	Den Feldsalat waschen und putzen, den Kerbel zupfen.
300 g Kaninchenfilet *Butter zum Braten* *Salz* *Pfeffer aus der Mühle*	Die Kaninchenfilets würzen und in der Butter rosa braten, aus der Pfanne nehmen und etwas ruhen lassen.
	Fertigstellung Den Salat mit der Vinaigrette anmachen. Die Kaninchenfilets in dünne Scheiben schneiden.
1 kleine Karotte *1 Granatapfel*	Die Karotte schälen und in feine Julienne-Streifen schneiden. Die Kerne vom Granatapfel herauslösen.
	Den Salat auf Teller verteilen, die Kaninchenfiletscheiben darauf anrichten und Karotten-Julienne und Granatapfelkerne darüber verteilen.

Marinierte Jakobsmuscheln mit Schnittlauchsauce und rotem Kaviar

Zutaten:
Für 4 Personen

8 Jakobsmuscheln
8 EL leichtes Olivenöl
Saft von ½ Zitrone
Salz
Pfeffer aus der Mühle

150 g Crème double
2 EL feingeschnittener Schnittlauch
1 EL fein geschnittener Kerbel
Salz

50 g Keta-Kaviar
einige kleine Salatblätter
Schnittlauch

Zubereitung:

Die Jakobsmuscheln ausbrechen, putzen und gründlich wässern, in dünne Scheiben schneiden.
In einer Schüssel Öl, Zitronensaft, Salz und Pfeffer gut miteinander verrühren.

Die Crème double in einer Schüssel glattrühren, salzen und den Schnittlauch mit Kerbel darunterrühren.

Fertigstellung:
Mit der Schnittlauchsauce je einen Spiegel auf die Teller gießen, die Jakobsmuscheln beidseitig durch die Marinade ziehen, abstreifen und auf der Sauce anrichten, den Kaviar darüber verteilen und das Ganze mit kleinen Salatblättern und feingeschnittenem Schnittlauch garnieren.

Krebsschwanzsalat mit Spinat und weißem Trüffelöl

Zutaten:
Für 4 Personen

Zubereitung:

Dressing:
2 EL alter Balsamico-Essig
1 Spritzer Rotweinessig
1 Spritzer Zitrone
1 TL reduzierten Weißwein
1 EL weißes Trüffelöl
Salz
Pfeffer aus der Mühle

In einer Schüssel alle Zutaten gut verrühren und miteinander abschmecken.

1 Handvoll kleiner Spinatblätter

Den Spinat waschen, verlesen und gut abtropfen lassen.

16 frische Krebse
Salz

Die Krebse in Salzwasser zirka 3 Minuten garen, herausnehmen und aus den Schalen brechen.

Fertigstellung:
Den Spinat rasch durch die Marinade ziehen und zusammen mit den Krebsschwänzen auf Tellern anrichten.

Charlotte von Gänseleber und Trüffeln

Zutaten:
Für 8 Personen

Traminer-Gelee:
250 g Geflügelkarkassen
40 g Karotten
40 g Staudensellerie
30 g Lauch
10 g Butter
0,3 l Traminer
3 Eiweiß
0,5 l Geflügelfond
Salz
4 Blatt Gelatine

1 Knolle Sellerie

100 g Gänseleber
1–2 Périgord-Trüffeln

Garnitur:
etwas Trüffelspäne
Feldsalat

Zubereitung:

Die Geflügelkarkassen mit dem geputzten und grob gewürfelten Gemüse in Butter ansautieren, mit Traminer ablöschen, abkühlen lassen. Eiweiß leicht anschlagen und daruntermischen, mit der kalten Brühe auffüllen, aufkochen, zirka 10 Minuten köcheln lassen, salzen, 5 Minuten stehenlassen, durch ein Sieb schütten.
Gelatine einweichen, ausdrücken und in der Brühe auflösen. Zum Abkühlen in den Kühlschrank stellen.

Gänseleber enthäuten, der Länge nach aufschneiden, Adern und Sehnen entfernen, in dünne Scheiben schneiden. Trüffeln säubern, in ganz dünne Scheiben schneiden.
Eine halbrunde, gut gekühlte Terrinenform mit dem etwas abgekühlten Traminer-Gelee ausgießen und im Kühlschrank erstarren lassen.
Nun die Terrine auf Eis stellen und die erste Schicht Gänseleberscheiben (mit Gelee bepinselt) einlegen, mit Gelee leicht überziehen, Trüffelscheiben und die Schicht Sellerie zufügen. Diesen Vorgang wiederholen Sie, bis die Terrine gefüllt ist.
Mit Gänseleber abschließen. Im Kühlschrank zirka 2 Stunden erstarren lassen.

Fertigstellung:
Die Charlotte nun kurz in heißes Wasser tauchen, stürzen und mit einem Elektromesser in Scheiben schneiden.
Auf Teller etwas Gelee gießen, die Charlotte daraufsetzen, mit Feldsalat und Trüffelspänen garnieren.

Rehmousse mit Portweingelee und schwarzer Trüffel

Zutaten:
Für ca. 10 Personen

Zubereitung:

200 g Gänseleber
Salz
2 EL Portwein
1 EL Weißwein

Die Gänseleber sorgfältig enthäuten, der Länge nach aufschneiden, vorsichtig von allen Adern und Nerven befreien, salzen und in Port- und Weißwein etwa einen Tag zugedeckt marinieren.

Portweingelee:
1 l Consommé
3 EL Madeira, reduziert
2 EL roten Portwein, reduziert
200 g Rehparüren
1 Eiweiß
6 Blatt Gelatine
Salz
Pfeffer aus der Mühle

Consommé, reduzierten Madeira und Portwein, die grob gehackten Rehparüren und das leicht angeschlagene Eiweiß in einem hohen Topf miteinander vermischen. Langsam und unter ständigem Rühren aufkochen, die Flüssigkeit auf die Hälfte reduzieren und durch ein Sieb gießen. Die Gelatine einweichen, ausdrücken und in der heißen Flüssigkeit auflösen. Mit Salz und Pfeffer würzen und die Geleemenge halbieren. Einen Teil im Kühlschrank fest werden lassen und anschließend in feine Würfel schneiden. Die andere Hälfte beiseite stellen.

Mousse:
200 g Rehabschnitte
2 EL roten Portwein, reduziert
2 EL roten Portwein
4 EL Rotwein, reduziert
10 EL Rotwein
Salz, Pfeffer aus der Mühle
Pökelsalz

Die Rehabschnitte mit dem Alkohol, Salz, Pfeffer und Pökelsalz gut vermengen und zirka eine Stunde marinieren.
Die Marinade anschließend durch ein Sieb abgießen und beiseite stellen. Das Rehfleisch trockentupfen.

1 EL Öl

0,5 l Rehfond
3 EL Wacholderbeeren
2 EL Pfefferkörner
2 Lorbeerblätter
1 Thymianzweig
etwas Latschenkiefer

Das Öl in einer Sauteuse erhitzen, das Fleisch kurz darin anbraten, mit der Marinade ablöschen und 5 Minuten köcheln lassen. Das Fleisch herausnehmen. Mit dem Rehfond aufgießen, die Gewürze zugeben und zur Hälfte einkochen lassen. Den Fond durchpassieren, zusammen mit dem Rehfleisch gut aufmixen und durch ein Sieb streichen.
Die marinierte Gänseleber ebenfalls durch ein Sieb streichen. Das lauwarme Portweingelee (0,5 l), Gänseleber- und Fleischfarbe gut im Mixer zerkleinern, in eine Schüssel gießen und langsam kalt rühren.

0,1 l frisches Rehblut
0,3 l geschlagene Sahne

Vorsichtig das frische Blut und die Schlagsahne unter die Farce heben und nochmals abschmecken. Mousse in flache Formen füllen und zirka 2 Stunden in den Kühlschrank stellen.

Garnitur:
½ Knolle Sellerie
Zitronensaft
1 Knolle schwarze Trüffel

Den Sellerie schälen, in feine Julienne-Streifen schneiden und mit Zitronensaft beträufeln.
Die Trüffel in feine Streifen oder Würfelchen schneiden.

Fertigstellung:
Mit einem kleinen Löffel Nocken von der Mousse abstechen und je drei Stück auf einen Teller setzen. Mit den Würfelchen vom Portweingelee umkränzen, mit Sellerie-Julienne garnieren und mit Trüffelstreifen bestreuen.

Dreierlei Wachteleier mit mariniertem Lachs

Zutaten:
Für 4 Personen

Tomatengelee:
500 g Tomaten
1 TL Salz
2 Eiweiß
1 Sternanis
3 Blatt Gelatine, eingeweicht
6 EL Noilly Prat auf die Hälfte reduziert

Zubereitung:

Von den Tomaten den Strunk herausschneiden, mit dem Salz im Mixer pürieren, zusammen mit dem Eiweiß zum Kochen bringen.
Durch ein Tuch passieren, Sternanis, Noilly Prat und die eingeweichte Gelatine dazugeben; etwas ziehen lassen.
Den Sternanis herausnehmen, das Tomatengelee unter ständigem Rühren über Eis abkühlen und zum Gelieren zirka 30 bis 40 Minuten in den Kühlschrank stellen.
Anschließend ganz fein schneiden.

Garnitur:

3 Stangen grüner Spargel
Salz

Den Spargel schälen und in kochendem Salzwasser knackig kochen. Herausnehmen; abkühlen und anschließend in feine Würfel schneiden.

Hummerragout:

3 Scheiben von gekochtem Hummerschwanz

Sauce:

2 EL Weißwein
1 TL Noilly Prat
1 EL geschnittene Schalotte
0,25 l Fischfond
80 g Butter
Salz
Pfeffer aus der Mühle
Spritzer Zitronensaft
40 g Beluga-Kaviar

Für das Hummerragout in einer Sauteuse Weißwein, Noilly Prat, und die feingeschnittene und gewaschene Schalotte ankochen, mit dem Fischfond auffüllen, auf die Hälfte reduzieren, die Butter in kleinen Stückchen einrühren, im Mixer aufschlagen, würzen und durchpassieren.

Die Hummerscheiben in ganz kleine Würfel schneiden und unter die Hummersauce mischen.

Wachteleier:

12 Wachteleier (möglichst gleiche Größe)

Die Wachteleier in Salzwasser 2½ Minuten kochen, abschrecken und vorsichtig schälen. Die Spitzen und Enden abschneiden, damit sie einen guten Stand haben. Nun mit einem kleinen runden Kartoffelausstecher die Dotter vorsichtig herausnehmen.

Lachs:

280 g frischer Wildlachs

Den Lachs in sehr dünne Scheiben schneiden.

Marinade:

60 g weißes Trüffelöl
Salz
Pfeffer aus der Mühle
etwas Zitronensaft

Trüffelöl auf einen großen Teller geben, würzen, gut vermischen und die Lachsscheiben auf beiden Seiten durch die Marinade ziehen.

Garnitur:

einige Blätter Friséesalat
einige Dillspitzen
etwas Tomatoes concassé

Fertigstellung:

Je drei der ausgehöhlten Wachteleier mit Hummerragout, Spargel und Kaviar füllen und zu einem Dreieck auf Tellern aufstellen, mit den marinierten Lachsscheiben umwickeln.

Das feingehackte Tomatengelee in einen Spritzsack füllen und einen feinen Ring um die Eier spritzen. Die Zwischenräume mit Friséesalat, Dillspitzen und den Tomatenwürfeln ausgarnieren.

Salat von Cherrytomaten und Kapuzinerkresse

Die Salatsauce reicht für mehrere Portionen;
Sie können sie zirka 10 Tage im Kühlschrank aufbewahren.

Zutaten:	Zubereitung:
Für 4 Personen	
Salatsauce:	
2 Eigelb *1 TL Senf* *0,15 l Sherryessig* *0,6 l Mazolaöl*	In einer hohen Schüssel Eigelb und Senf mit dem Handrührgerät verrühren, langsam Sherryessig dazugeben und das Öl wie bei einer Mayonnaise langsam einrühren.
0,4 l süße Sahne *Salz* *Pfeffer aus der Mühle*	Zum Schluß die Sahne unterrühren und mit Salz und Pfeffer abschmecken.
2 Zweige Rosmarin *1 Zweig Basilikum* *1 Knoblauchzehe*	Rosmarin- und Basilikumblätter von den Stielen zupfen, den Knoblauch schälen und alles in die Sauce geben. Zirka eine halbe Stunde ziehen lassen. Kräuter und den Knoblauch herausnehmen.
	Fertigstellung:
0,6 kg Cherrytomaten *1 Handvoll gezupfte Blätter Kapuzinerkresse* *einige Blüten Kapuzinerkresse*	Den Strunk der Tomaten herausschneiden, Tomaten auf Tellern mit der Kapuzinerkresse anrichten, mit Salatsauce beträufeln und mit Kresseblüten garnieren.

Fenchel-Julienne mit Orangenfilets

Zutaten:
Für 4 Personen

1 Fenchelknolle von 350 g
1 spanische Diana-Orange von 400 g
1 EL Pernod
Saft von 1 Zitrone
Salz
Fenchelgrün zum Garnieren

Zubereitung:

Die gewaschene, geputzte Fenchelknolle vierteln und den Strunk entfernen. Die Fenchelstücke so schälen, daβ keine Fäden mehr vorhanden sind. In feine Scheiben, dann dünne Julienne-Streifen schneiden. Mit Pernod und Zitronensaft marinieren, etwas salzen. Die geschälte Orange sorgfältig filieren.

Fertigstellung:
Fenchel-Julienne kreisförmig auf Tellern anrichten und jeweils 3 Orangenfilets darauflegen. Mit dem Fenchelkraut garnieren.

Grüner Spargel mit Wachteleiern und Kaviarsahne

Zutaten: *Für 4 Personen*	Zubereitung:
1000 g grüner Spargel *Salz*	Die Spargelstangen an der unteren Hälfte schälen und in kochendem Salzwasser zirka 8 Minuten kochen. Sie sollten noch bißfest sein.
etwas Zitronensaft *etwas Öl*	Das Wasser abgießen, den Spargel kurz mit kaltem Wasser abschrecken und in einer Schüssel mit Öl und Zitronensaft marinieren.
0,2 l Crème double *2 EL geschlagene Sahne* *3 TL Kaviar*	Die Crème double mit dem Schneebesen aufschlagen und die Sahne darunterziehen.
8 Wachteleier *etwas Essig*	In einem Topf zirka einen halben Liter Wasser mit etwas Essig zum Kochen bringen, die Wachteleier einzeln in Tassen geben und im Essigsud pochieren, herausnehmen.

Fertigstellung:
Den Kaviar vorsichtig unter die Sahne rühren.
Die noch lauwarmen Spargelstangen auf Teller verte len, je 2 pochierte Wachteleier daraufsetzen und mit der Kaviarsahne umgießen.

Kartoffelterrine mit Périgord-Trüffel

Zutaten:
Für 8 Personen

400 g geschälte Kartoffeln
Salz
200 g flüssige Butter
0,1 l Sahne

100 g frische Périgord-Trüffel
50 g Butter zum Ausstreichen
50 g Feldsalat
1 TL gehackte Angelika

Trüffeldressing:
4 EL Consommé
4 EL Olivenöl
4 EL Mazolaöl
1 EL reduzierten Portwein
1 EL reduzierten Madeira
1 TL Trüffeljus
2 EL alter Balsamico-Essig
2 EL Balsamico-Essig
Salz
Pfeffer aus der Mühle

Garnitur:
einige Trüffelspäne

Zubereitung:

250 g geschälte Kartoffeln vierteln und in Salzwasser gar kochen, abgießen und gut ausdämpfen lassen. Durch die Kartoffelpresse drücken, die flüssige Butter und die Sahne einrühren.
Die restlichen Kartoffeln tournieren, in Salzwasser gar kochen, abgießen und ausdämpfen.

Die Trüffel in nicht zu dünne Scheiben schneiden.
Eine halbrunde Terrinenform von etwa 35 × 6 Zentimetern mit Butter ausstreichen, etwas Kartoffelmasse einfüllen, tournierte Kartoffel- und Trüffelscheiben schichtweise darübergeben und mit Kartoffelmasse abschließen.
Zirka 30 Minuten in den Kühlschrank stellen.

Für das Trüffeldressing alle Zutaten in einer Schüssel gut miteinander verrühren.

Fertigstellung:
Die Terrinenform kurz in heißes Wasser tauchen, stürzen, die Kartoffelterrine mit dem Elektromesser in 1½ Zentimeter dicke Scheiben schneiden und handwarm servieren. Den Feldsalat putzen, waschen, gut abtropfen lassen und mit dem Trüffeldressing marinieren, Angelika dazugeben und um die Terrinenscheiben herum anrichten.
Mit einigen Trüffelspänen garnieren.

Spinaträllchen mit Loup de mer

Zutaten:
Für 4 Personen

200 g Filet vom Loup de mer (Wolfsbarsch)
4 EL Olivenöl
1 EL Limettensaft
1 TL Pommery-Senf
Salz
Pfeffer aus der Mühle

20 junge Spinatblätter
dünne Schalen von 2 Limetten (gut reif)
1 Karotte
2 EL Olivenöl
1 EL Limettensaft
Salz

Zubereitung:

Das Fischfilet in hauchdünne Scheiben schneiden. Öl, Limettensaft, Senf und Gewürze gut miteinander verrühren und die Filetscheiben darin wenden.

Spinat waschen, abtrocknen. Die Karotte schälen und mit der Aufschnittmaschine der Länge nach dünn aufschneiden. Die Limettenschalen und Karotte in feine Julienne-Streifen schneiden.

Fertigstellung:
Öl, Limettensaft und Salz gut miteinander verrühren, über die Spinatblätter geben und leicht marinieren. Jedes Spinatblatt einzeln aufrollen und mit den Fischfiletscheiben umwickeln.

Auf Tellern anrichten und mit den Karotten- und Limettenstreifen bestreuen.

Radicchio mit Fourme d'Ambert

Zutaten:
Für 4 Personen

4 kleine Radicchio-Köpfe

Dressing:
5 EL Rotweinessig
1 Eigelb
0,1 l Öl
1 kleines Stück Zwiebel
etwas Balsamico-Essig
etwas Senf
80 g Sahne
etwas Rosmarin
½ TL reduzierten
Noilly Prat
30 g Fourme d'Ambert
Salz
Pfeffer aus der Mühle

Käse:
100 g Fourme d'Ambert

Zubereitung:

Radicchio putzen, waschen und trockenschleudern.

Für das Dressing alle Zutaten mit dem Mixer aufschlagen und abschmecken.

Fertigstellung:
Die Salatsauce in einer Schüssel mit dem Salat gut vermischen, auf Tellern anrichten und mit dem in kleine Würfel geschnittenen Käse bestreuen.

Marbre von Fenchel und Tomaten

Zutaten:
Für 8–10 Personen

6 Knollen Fenchel
2 Schalotten
0,3 l Weißwein
0,2 l Consommé
etwas Zitronensaft
Salz
6 Blatt Gelatine, eingeweicht (für 0,5 l Flüssigkeit)

5 Tomaten

Zubereitung:

Die Schalotten schälen, fein schneiden und mit Weißwein, Consommé, Zitronensaft und Salz aufkochen, die geputzten und kleingeschnittenen Fenchelstücke hineingeben, weich dämpfen und im Fond abkühlen lassen.
Den Fond durch ein Sieb gießen, erwärmen und die Gelatine darin auflösen.

Das Wasser zum Kochen bringen, die Tomaten kurz hineingeben, wieder herausnehmen, enthäuten, halbieren, entkernen und in Streifen schneiden.

Die Terrinenform kühl stellen, Fenchel und Tomaten abwechselnd einschichten und mit dem Fond aufgießen.
3 Stunden in den Kühlschrank stellen.

Kräutersauce:
1 EL Petersilie
1 EL Kerbel
1 EL Basilikum
1 EL Estragon
1 EL Brennessel
1 TL Dill
1 EL Sauerampfer

Die gehackten Kräuter mixen.

2 Eigelb
½ TL Senf
0,3 l Öl
1 TL Champagner-Essig
1 EL Consommé
Salz
Pfeffer aus der Mühle

Das Eigelb und den Senf in eine Cromarganschüssel geben und mit dem Öl zu einer Mayonnaise aufschlagen, die Kräuter dazugeben und mit den übrigen Zutaten gut verrühren, abschmecken.

Fertigstellung:
Die Terrine stürzen und mit dem Elektromesser in Scheiben schneiden. Portionsweise auf Tellern anrichten, mit der Kräutersauce servieren.

Garnitur:
Fenchelgrün

Mit Fenchelgrün garnieren.

Artischockenblätter mit Muscheln in Tomaten-Vinaigrette

Zutaten:
Für 4 Personen

2 große, ausgereifte Artischocken
1,5 l Wasser
0,1 l Rotweinessig
Salz

Zubereitung:

In einem hohen Topf alle Zutaten zum Kochen bringen, den Stiel der Artischocken entfernen und die Artischocken im Wasser 30 bis 40 Minuten garen.

1000 g Miesmuscheln (Buchot)
5 EL Weißwein
1 Schalotte
1 Thymianzweig
6 EL Wasser

Die Muscheln gründlich säubern, waschen und in einem hohen Topf mit allen anderen Zutaten 3 Minuten kräftig kochen lassen.
Die Muscheln herausnehmen, die Schalen entfernen.

Vinaigrette:
2 EL reduzierten Madeira
2 EL reduzierten Noilly Prat
4 EL Olivenöl
1 EL Sherryessig
1 EL Balsamico-Essig
1 TL Schnittlauch
3 EL feingehackte Petersilie

In einer Glasschüssel alle Zutaten gut miteinander verrühren und kräftig abschmecken.

3 EL Tomaten (geschält und fein gewürfelt)
1 TL feingewürfelte Schalotte
Salz
Pfeffer aus der Mühle

Fertigstellung:
Von den Artischocken die Blätter herausziehen und auf Teller verteilen. Von den Artischockenböden das Heu abstechen und die Böden in kleine Würfel schneiden und zur Vinaigrette geben.
Die Muscheln auf den Artischockenblättern verteilen und mit der Vinaigrette überziehen.

Tatar von Bonito

Zutaten:
Für 4 Personen

400 g Tintenfisch Bonito
1 EL Olivenöl
1 Spritzer Zitronensaft
Salz
Pfeffer aus der Mühle
2 Blätter Basilikum, fein gehackt

Zubereitung:

Den Tintenfisch enthäuten, Gräten entfernen und die Sehnen herauslösen. Unter fließendem Wasser gut abspülen und abtrocknen.
Danach ganz fein hacken, mit den übrigen Zutaten gut vermischen und mit Salz und Pfeffer abschmecken.

Garnitur:
einige marinierte Salatblätter
12 Basilikumblätter

Fertigstellung:
Das Tintenfischtatar mit Salatblättern auf gekühlten Tellern anrichten und mit Basilikumblättern garnieren.

Beilage: Kartoffelrösti

Savarin von Entenstopfleber mit Gemüse in Balsamico-Essig

Zutaten:
Für 4 Personen

500 g Entenstopfleber
10 g Salz
Pfeffer aus der Mühle
2 EL reduzierten Portwein weiß
3 EL reduzierten Portwein rot
etwas Muskat

Butter für die Förmchen

Zubereitung:

Leber enthäuten, in grobe Würfel schneiden und von Sehnen und Adern befreien. Roten und weißen Portwein und Gewürze dazugeben und gut miteinander vermengen. 2 Stunden kühl stellen.
Savarin-Förmchen mit Butter ausstreichen, die marinierte Leber fest hineindrücken, beschweren, zirka 2 bis 3 Tage kühl stellen.

Gemüse:
1 Artischocke
0,5 l Wasser
7 EL Rotweinessig
20 g Salz

2 EL Saubohnen
1 Karotte
1 Stange Staudensellerie
Schale von einem Zucchino

Wasser, Essig und Salz zusammen aufkochen lassen. Artischockenblätter abschneiden, mit einem Löffel vom Boden das Heu abschaben und die Böden sofort in sprudelndem Wasser zirka 10 bis 15 Minuten gar kochen, herausnehmen und in Würfel schneiden.
Die übrigen Gemüse putzen, wenn nötig in kleine Würfel schneiden und jedes für sich in Salzwasser kochen.
Sie sollten noch Biß haben.

Vinaigrette:
1 Tomate
1 Schalotte
1 TL weißes Trüffelöl
1 EL Olivenöl
1 EL alter, süßer Balsamico-Essig
1 Spritzer Himbeeressig
1 Spritzer Zitrone
1 TL reduzierten Weißwein
1 TL Noilly Prat
1 TL gehackte Petersilie
Salz
Pfeffer aus der Mühle

Tomate enthäuten, entkernen und das Fruchtfleisch in Würfelchen schneiden. Die Schalotte ebenfalls fein würfeln.

Alle Zutaten in einer Schüssel gut miteinander verrühren und eine halbe Stunde ziehen lassen.

Fertigstellung:
Das Gemüse mit der Vinaigrette vermengen, auf Teller verteilen.
Savarins kurz in heißes Wasser tauchen und daraufsetzen.

Timbale von Lachs und Jakobsmuscheln

Zutaten:
Für 4 Personen

Zubereitung:

8 Jakobsmuscheln
150 g Lachsfilet

Die Jakobsmuscheln ausbrechen, säubern und das Muschelfleisch eine Stunde wässern. Herausnehmen, trockentupfen und in dünne Scheiben schneiden.
Den Lachs ebenfalls in dünne Scheiben schneiden und auf die gleiche Größe wie die Muscheln ausstechen.

0,1 l leichtes Olivenöl
Saft von 1 Zitrone
Salz
Pfeffer aus der Mühle

Das Öl in eine Schüssel geben und mit Salz, Pfeffer und Zitronensaft verrühren. Muscheln und Lachs getrennt auf Teller legen und mit der Marinade würzen.

Tomatengelee:
500 g Tomaten
1 TL Salz
2 Eiweiß
1 Sternanis
4 Blatt Gelatine
6 EL Noilly Prat, auf die Hälfte reduziert

Von den Tomaten den Strunk entfernen. Die Tomaten salzen, im Mixer pürieren und zusammen mit dem Eiweiß aufkochen. Durch ein Sieb passieren, Sternanis, Noilly Prat und eingeweichte Gelatine dazugeben und etwas ziehen lassen. Den Sternanis herausnehmen. Das Tomatengelee unter ständigem Rühren über Eis abkühlen und bis zum Gelieren etwa 30 bis 40 Minuten in den Kühlschrank stellen. Anschließend ganz fein schneiden.

150 g Crème double
Salz

Crème double mit etwas Salz gut verrühren.

80 g Ossietra-Kaviar

Fertigstellung:
Mit der Sauce pro Teller drei kleine Spiegel gießen, das Tomatengelee in den Spritzbeutel füllen und die Spiegel damit umspritzen. Jakobsmuscheln und Lachs abwechselnd zu Timbalen (das sind kleine Becher aus Stahlblech, meist in halbkonischer Form) aufschichten und je ein Timbale auf den Spiegel setzen. Obenauf je einen kleinen Löffel Kaviar geben.

Garnitur:
einige Kresseblätter
einige Salatblätter

Mit Salat- und Kresseblättern garnieren.

Carpaccio von Abalone mit Distelöl

Zutaten:
Für 4 Personen

3 schöne
Abalone-Muscheln
(siehe Anmerkung)

Marinade:
0,1 l Distelöl
1 TL Kerbel
½ TL Petersilie
1 Zweig Zitronenthymian
8 Estragonblätter
3 Basilikumblätter
Salz
Pfeffer aus der Mühle
etwas Senf

100 g Friséesalat
80 g Meeresalgen

Zubereitung:

Die Meeresschnecken von der Schale lösen, gut waschen und mit der Aufschnittmaschine n dünne Scheiben schneiden.

Öl und Senf gut miteinander vermischen, die feingehackten Kräuter dazugeben und kräftig würzen.

Den Salat putzen, zerkleinern, waschen und trockenschleudern.

Fertigstellung:
Den Friséesalat und die Meeresalgen auf Teller verteilen, die Abalonescheiben durch die Kräutermarinade ziehen und darauf anrichten. Mit Knoblauchcroûtons servieren.

Anmerkung:
Abalone-Muscheln sind bei uns nur mit viel Glück frisch erhältlich. Sie sind in der Dose vor allem in Asien-Läden erhältlich.

Parfait von geräuchertem Lachs auf Gartengurken

Zutaten:
Für 4–6 Personen

Zubereitung:

Einlage:
100 g Räucherlachs
50 g Karotten
50 g Lauch
50 g Zucchini
20 g Dill

Den Räucherlachs in kleine Würfel schneiden. Das Gemüse ebenfalls fein würfeln und jedes für sich in kochendem Salzwasser blanchieren. Durch ein Sieb abgießen.
Den Dill fein hacken.

Tomatengelee:
600 g vollreife Tomaten
0,2 l Fischfond
3 Eiweiß
½ Zwiebel
1 kleines Stück Lauch
½ EL Pernod
1 EL Estragonessig
1 Sternanis
5 Blatt Gelatine

Die Tomaten kleinschneiden, im Mixer pürieren, durch ein Spitzsieb passieren und mit dem Fischfond und dem ungeschlagenen Eiweiß verrühren. Lauch und Zwiebel kleinschneiden und mit dem Pernod, Anis und Essig in einer Sauteuse langsam einkochen lassen.
Nach 5 Minuten durch ein Tuch gießen.

Gelatine kurz in kaltem Wasser einweichen, ausdrücken und in der heißen Flüssigkeit auflösen. Zu dem Tomatensaft und dem Fischfond geben, gut durchrühren und auf Zimmertemperatur abkühlen lassen. Eine 25 Zentimeter lange Terrinenform auf Eis stellen und mit dem flüssigen Tomatengelee ausgießen.

Parfait:
200 g Räucherlachs
0,3 l Fischfond
50 g Butter
1 EL reduzierten Noilly Prat
1 EL Weißwein
1 Eigelb
4 Blatt Gelatine (eingeweicht)
Salz
Pfeffer aus der Mühle
0,1 l geschlagene Sahne

Den Räucherlachs in Würfel schneiden. In einer Sauteuse die Butter aufschäumen lassen, den Lachs darin kurz anschwitzen, mit einem Schaumlöffel herausnehmen und auf Küchenkrepp abtropfen lassen. Die Butter mit dem Fischfond aufkochen, mit Noilly Prat und Weißwein parfümieren. Den Lachs dazugeben und im Mixer pürieren. Durch ein feines Sieb streichen, mit dem Eigelb vermengen und im Wasserbad langsam aufschlagen. Die eingeweichte Gelatine unter die Masse geben, mit Noilly Prat, Weißwein und eventuell mit Salz und Pfeffer abschmecken. Die Masse kalt rühren, die blanchierten Gemüse- und die Räucherlachswürfelchen sowie den Dill unter die Parfaitmasse heben, die geschlagene Sahne langsam unterziehen. Die Masse in die Terrinenform geben und in den Kühlschrank stellen.

Sauce:
1 grüne Salatgurke
etwas Rotweinessig
etwas Mondamin
1 TL Olivenöl
Salz
Pfeffer aus der Mühle
Zucker

Die Salatgurke schälen, der Länge nach vierteln, die Kerne entfernen und zwei Drittel der Gurke im Mixer fein pürieren. Das Gurkenpüree aufkochen, mit dem Mondamin binden und abkühlen lassen. Die restliche Gurke in kleine Würfel schneiden und in heißem Olivenöl kurz ansautieren. Zu dem Gurkenpüree geben und auf Eis kalt rühren. Mit den übrigen Zutaten abschmecken.

Fertigstellung:
Etwas Gurkenpüree auf den Teller geben. Das Lachsparfait mit einem Elektromesser in Portionen schneiden, mit etwas Tomatengelee überglänzen und auf dem Püree anrichten.
Mit Keta-Kaviar und Dillspitzen garnieren.

Warme Vorspeisen

Wirsing-Ravioli mit Krebsen

Zutaten:
Für 4 Personen

1 Kopf Wirsing
zirka 30 Krebse
100 g Hechtfleisch
100 g Crème double
1 Ei
2 EL geschlagene Sahne
Salz
Pfeffer aus der Mühle
Zitrone

0,125 l Fischfond
0,75 l Fischfond
150 g Butter
Schalen der Krebse
1 ungeschälte Knoblauchzehe
2 Schalotten
1 kleine Karotte
1 Stück Staudensellerie
1 kleines Stück Lauch
4 EL Sauternes
1 EL Portwein
2 EL Noilly Prat
0,1 l Weißwein
1 EL Tomatenmark
0,5 l Sahne
Concassé von 2 Tomaten
Salz

Zubereitung:

Die zarten Wirsingblätter in sprudelndem Salzwasser blanchieren. Die Krebse in sprudelndem Wasser abkochen und ausbrechen. Aus dem Hechtfleisch, der Crème double und dem Ei eine Farce bereiten. Zwei Drittel der Krebsschwänze in feine Würfel schneiden und unter die Farce heben. Zum Schluß die geschlagene Sahne unterheben. Mit dieser Farce die Wirsingblätter füllen und auf einem Einsatz über sprudelndem Wasser 10 bis 12 Minuten dämpfen.

Etwas Fischfond mit der Butter erhitzen, aufschlagen und die Krebsschalen dazugeben. Das Gemüse und den Knoblauch hinzugeben und zirka 15 Minuten köcheln lassen. Das Concassé separat schmelzen lassen und ebenfalls zugeben. Nochmals zirka 10 Minuten köcheln lassen, mit dem Fischfond aufgießen und auf die Hälfte reduzieren. Die Sahne dazugießen und weitere 15 Minuten köcheln lassen. Durch ein feines Sieb passieren, abschmecken und im Mixer oder mit dem Pürierstab kräftig aufschlagen.
Die gedämpften Ravioli in die Sauce legen und die restlichen Krebsschwänze als Garnitur verwenden.

Kartoffeltaschen mit Schnecken und jungem Knoblauch

Zutaten:	Zubereitung:
Für 4 Personen	
30 Weinbergschnecken *200 g Salz*	In einem Topf 3 bis 4 l Wasser zum Kochen bringen, die Schnecken dazugeben und kurz aufkochen lassen. Das Wasser weggießen und das Fleisch mit einer Schneckengabel aus dem Häuschen ziehen. Den Darm entfernen und das Schneckenfleisch mit 200 Gramm Salz vermengen. Etwa eine Stunde darin liegen lassen, damit sich der Schleim löst.
1 Karotte *40 g Staudensellerie* *2 Schalotten* *1 Knoblauchzehe* *4 Zweige Thymian* *Salz*	Danach die Schnecken gründlich waschen, zusammen mit dem geputzten Gemüse und den Gewürzen in 2 l Wasser zirka 2 Stunden weich kochen. Schnecken aus dem Sud nehmen und abtropfen lassen.
Rotweinsauce: *150 g rote Zwiebeln* *40 g Butter* *1 Prise Zucker* *1 kleiner Zweig Rosmarin* *1 kleiner Zweig Thymian* *1 Knoblauchzehe* *1 Lorbeerblatt* *5 Pfefferkörner* *0,125 l Rotwein* *0,25 l brauner Kalbsfond* *Salz* *Pfeffer aus der Mühle*	Die Zwiebeln in grobe Würfel schneiden und in 20 Gramm Butter mit dem Zucker anschwitzen. Kräuter und Gewürze dazugeben und mit dem Wein ablöschen. Den Kalbsfond zugießen und auf ein Drittel reduzieren, dabei mehrmals umrühren. Die Sauce durch ein Sieb gießen, die restliche Butter unterrühren und mit Salz und Pfeffer abschmecken.
Thymiansauce: *0,1 l Weißwein* *2 EL Noilly Prat* *0,2 l Fond blanc (Kalbsfond)* *80 g Butter* *3 Thymianzweige* *1 EL gehackten Kerbel*	Weißwein und Noilly Prat aufkochen, mit Fond blanc auffüllen und zur Hälfte einkochen. Butter und Thymian unterrühren und zirka 2 Minuten köcheln lassen. Die Sauce durch ein Sieb passieren und mixen, abschmecken und den gehackten Kerbel zugeben.
8 Knollen junger Knoblauch *Salz*	Den Knoblauch schälen, zirka 2 Minuten in kochendes Salzwasser geben, abgießen, mit frischem Salzwasser aufgießen, aufsetzen und den Knoblauch darin gar kochen. Dadurch verringert sich der starke Knoblauchgeschmack. Wasser abgießen.

4 Champignons
1 TL Butter
Salz
Pfeffer aus der Mühle

Die Schnecken und Champignons kleinhacken und in der Butter kurz sautieren, einen Eßlöffel Rotweinsauce dazugeben, mit Salz und Pfeffer abschmecken.

1–2 Kartoffeln
1 Eigelb

Kartoffeln schälen, mit der Aufschnittmaschine in hauchdünne Scheiben schneiden. Die Kartoffelscheiben auf einem Tuch auslegen, mit dem verrührten Eigelb bestreichen und kleine Häufchen der Schnecken-Champignonmasse daraufsetzen, mit einer zweiten Kartoffelscheibe bedecken und fest andrücken.

Fertigstellung:

50 g Butter

Die Butter klären und die Kartoffeltaschen darin zirka 2 Minuten goldgelb backen. Den Knoblauch auf vorgewärmten Tellern anrichten, die Kartoffeltaschen daneben setzen und mit beiden Saucen servieren.

Abalone mit Trompetenpilzen

Zutaten:	Zubereitung:
Für 4 Personen	
Pesto:	
50 g Butter *30 Basilikumblätter* *1 Knoblauchzehe* *8 g Kerbel* *3 g Thymian* *Salz*	Die angegebenen Zutaten zweimal durch die feine Scheibe des Fleischwolfs drehen, mit Salz abschmecken.
3 schöne Abalone	Die Meeresschnecken von den Schalen lösen, gut waschen und mit der Aufschnittmaschine in dünne Scheiben schneiden.
80 g Trompetenpilze *1 TL Öl* *Salz* *Pfeffer aus der Mühle*	Die Pilze verlesen, mit heißem Wasser überbrühen, abschütten, trockentupfen und in einer Sauteuse rasch mit starker Hitze anschwenken, würzen.
Garnitur:	**Fertigstellung:**
einige Blätter Kapuzinerkresse	Abalonescheiben zusammen mit den Trompetenpilzen auf Tellern anrichten, Pesto ganz leicht erwärmen und darüberträufeln, mit Kapuzinerkresse ausgarnieren.

Lauwarm geräucherter Lachs mit Kapuzinerkresse

Zutaten:
Für 4 Personen

Zitronendressing:
0,1 l mildes Olivenöl
3 EL Zitronensaft
Salz
Pfeffer aus der Mühle

1 Kopf Eissalat
etwas Kapuzinerkresse
1 Tomate
1 EL Kerbel, gezupft

4 flache Lachstranchen à 60 g
Salz
Zitronensaft
5 Wacholderbeeren
etwas Räuchermehl
1 Räucherpfanne

Zubereitung:

In einer Schüssel Olivenöl, Zitronensaft, Salz und Pfeffer gut miteinander verrühren.

Das Innere des Eissalates zerpflücken, waschen und in dünne Streifen schneiden. Die Kapuzinerkresse waschen. Die Tomate in heißes Wasser tauchen, die Haut abziehen, entkernen und in feine Würfel schneiden.

Räuchermehl und Wacholder in die Räucherpfanne geben. Die parierten und entgräteten Lachstranchen mit Salz und Zitronensaft würzen und auf das gebutterte Gitter der Räucherpfanne setzen. 6 bis 10 Minuten nicht zu heiß räuchern.

Fertigstellung:
Den feingeschnittenen Salat mit dem Dressing anmachen, auf Tellern anrichten, die Lachstranchen obenauf plazieren und mit den Tomatenwürfeln und der Kapuzinerkresse garnieren. Mit Kerbel bestreuen.

Meeresfische in Safran-Vinaigrette

Zutaten:
Für 4 Personen

500 g verschiedene Meeresfische, z. B. Seeteufel, Steinbutt
Salz
Pfeffer aus der Mühle

Safran-Vinaigrette:
0,5 l Fond blanc
½ Karotte
1 Tomate
20 g Fenchel
4 Champignons
2 Schalotten
1 EL Pernod
2 Stengel Thymian

1 TL Estragonessig
1 EL Champagneressig
Saft von ¼ Zitrone
60 g Olivenöl

2 g Safran
Salz
Pfeffer aus der Mühle

Gemüse:
2 kleine Karotten
2 Zucchini
Salz

Zubereitung:

Lassen Sie sich vom Fischhändler bereits fertige Steinbutt- und Seeteufelfilets geben, die Sie nur noch entgräten und in gleichmäßige Stücke schneiden und mit Salz und Pfeffer würzen müssen.

In einer Sauteuse alle Zutaten außer Essig, Zitrone und Olivenöl aufkochen und auf ein Drittel einkochen lassen, vom Herd nehmen, Safran dazugeben und zugedeckt 3 Stunden ziehen lassen.

Nun die Sauce durch ein feines Sieb gießen und mit den beiden Essigsorten, dem Zitronensaft und Öl gut vermengen. Salzen, pfeffern und eine Prise Zucker zugeben.

Die Karotten schälen und in feine Streifen schneiden. Zucchini mit der Schale ebenfalls in feine Streifen schneiden. Beide Gemüse getrennt in Salzwasser bißfest kochen, durch ein Sieb gießen und mit einem Tuch trockentupfen.

Fertigstellung:
Die Meeresfischfilets über Dampf zirka 3 bis 4 Minuten garen. Die Gemüse-Julienne auf Tellern verteilen, die Fischfilets darauf anrichten und mit der Safran-Vinaigrette übergießen.

Kartoffel-Charlotte mit weißen Trüffeln

Zutaten:	Zubereitung:
Für 4 Personen	
4 große Kartoffeln (mehlig, »la ratte«)	Kartoffeln waschen, mit der Schale in Salzwasser gar kochen, schälen, durch die Kartoffelpresse drücken.
100 g zerlassene Butter *0,1 l Milch* *Salz* *Pfeffer aus der Mühle* *Muskat* *50 g weißes Trüffelöl*	Die zerlassene Butter und die heiße Milch mit dem Schneebesen einrühren. Mit Salz und Pfeffer würzen, zuletzt das Trüffelöl untermischen.
	Fertigstellung:
80 g weiße Trüffel	Die Kartoffelmasse auf vorgewärmte Teller anrichten, weiße Trüffel dünn darüberhobeln.
Garnitur:	
einige Blätter Kapuzinerkresse	Mit Kapuzinerkresseblättern garnieren.

Langustinen mit Oliven

Zutaten:	Zubereitung:
Für 4 Personen	
16 Langustinen	Die Langustinen aus den Schalen brechen, den Darm entfernen und das Fleisch unter fließendem Wasser gut abspülen.
Sauce:	
Langustinenschalen *0,2 l Fischfond* *100 g Butter*	Die Langustinenschalen gut waschen und im Rohr bei 220 Grad zirka 5 Minuten trocknen.
1 Knoblauchzehe *2 Schalotten*	In einem Topf den Fischfond erhitzen, die Butter dazugeben und aufmixen. Die Langustinenschalen, den Knoblauch und die feingewürfelten Schalotten dazugeben und zirka 10 Minuten kochen lassen.
5 EL Weißwein *2 EL Noilly Prat* *½ EL Tomatenmark*	Den Weißwein, Noilly Prat und das Tomatenmark gut unterrühren.
2 Tomaten *10 g Butter*	Die Tomaten kurz in heißes Wasser tauchen, die Haut abziehen, die Tomaten vierteln, die Kerne entfernen und das Fleisch in kleine Würfel schneiden, mit der Butter kurz anschmelzen und ebenfalls hinzugeben.
0,5 l Fischfond *0,4 l Sahne* *Salz*	Mit einem halben Liter Fischfond aufgießen und auf ein Drittel reduzieren. Die Sahne zugeben, salzen und etwa 15 Minuten langsam köcheln lassen. Durch ein Sieb gießen.
	Fertigstellung:
2 EL Olivenöl *Salz* *Pfeffer aus der Mühle*	Die Langustinen salzen und pfeffern. In einer Sauteuse Olivenöl erhitzen und die Langustinen darin braten. Auf vorgewärmte Teller verteilen.
2 EL grüne Oliven *1 EL schwarze Oliven*	Die Sauce im Mixer aufschlagen, die Oliven entkernen und in feine Streifen schneiden, zur Sauce geben, gut unterrühren und die Langustinen damit umgießen.
	Am besten paßt dazu eine knusprige Baguette.

Steinpilzravioli mit Trüffelsauce

Zutaten:	Zubereitung:
Für 4 Personen	
Ravioliteig:	
800 g Mehl *7 Eier* *4 EL Milch* *5 EL Öl* *35 g Salz* *1–2 Eier zum Bestreichen*	Alle Zutaten gut miteinander vermengen und so lange kneten, bis der Teig ganz glatt ist. Eine Stunde zugedeckt ruhen lassen.
300 g frische Steinpilze *1 feingehackte Schalotte* *30 g Butter* *1 EL gehackte Petersilie* *3 EL trockener Weißwein* *0,1 l Crème double* *Salz* *Pfeffer aus der Mühle*	Die Steinpilze putzen, mit einem Tuch abwischen und in Scheiben schneiden. Die Schalotte in Butter ansautieren, Pilze und Petersilie zugeben, mit Weißwein ablöschen und mit Salz und Pfeffer würzen, durch ein Sieb gießen und gut abtropfen lassen. Den Pilzsud einkochen lassen und die Crème double zugeben. Die Pilze fein hacken, mit dem Pilzfond mischen und abschmecken.
1 TL Liebstöckel	Den gehackten Liebstöckel dazugeben.
8 Trüffelscheiben *4 EL Madeira* *5 EL Trüffeljus* *0,2 l Geflügelfond* *0,1 l Sahne* *Salz* *Pfeffer aus der Mühle*	Die Trüffelscheiben in 10 Gramm Butter ansautieren, mit Madeira ablöschen und mit dem Geflügelfond auffüllen. Den Trüffeljus dazugeben und alles auf ein Drittel reduzieren. Die Sahne unterrühren und die Trüffelscheiben herausnehmen. Die Sauce aufschlagen und abschmecken. Die Trüffelscheiben wieder dazugeben.

Den Ravioliteig in zwei gleich große Teile teilen und dünn ausrollen. Von der Pilzmasse kleine Häufchen auf eine Hälfte des Teigs setzen, die Zwischenräume mit verquirltem Ei bestreichen und die andere Hälfte des Teigs darüberlegen, gut andrücken, zu Ravioli ausstechen, mit Mehl bestäuben und auf ein Tuch legen.

Fertigstellung:
In einem großen Topf Wasser zum Kochen bringen, salzen und die Ravioli darin 2 Minuten garen. Herausnehmen, auf Tellern anrichten und mit der Trüffelsauce überziehen.

Kartoffelschaum mit Trüffel

Zutaten:
Für 4 Personen

300 g mehlige Kartoffeln
180 g flüssige Butter
0,1 l Sahne
Salz

60 g frische Périgord-Trüffel

Zubereitung:

Einen Topf mit Salzwasser zum Kochen bringen, die geschälten Kartoffeln vierteln und darin weich kochen. Abgießen und gut ausdämpfen lassen.
Noch heiß durch die Kartoffelpresse drücken, die Butter erwärmen und zusammen mit der Sahne in die Kartoffelmasse einrühren, eventuell nachwürzen.

Fertigstellung:
Mit dem Eßlöffel Nocken ausstechen, auf Teller setzen und Trüffel darüberhobeln.

Kalbsbries-Ravioli mit Petersiliensauce

Zutaten:
Für 4 Personen

Ravioliteig:
250 g Weizenmehl (Type 405)
2 Eier
4 EL Öl
6 EL Milch
Salz
250 g Kalbsbries
1 Ei zum Bestreichen

Petersiliensauce:
3 EL Weißwein
0,3 l Fond blanc (Kalbsfond)
0,1 l süße Sahne
Salz
Muskat
80 g Petersilie, gezupft (4 Bund)

Garnitur:
4 EL Herbsttrompeten (oder Pfifferlinge)
1 EL Öl

Zubereitung:

Alle Zutaten bis auf das Kalbsbries gut vermengen, so lange kneten, bis der Teig ganz glatt ist. Zudecken und eine Stunde ruhen lassen.
Den Teig zu zwei gleich großen Platten ausrollen, auf einer Platte das Kalbsbries verteilen, Zwischenräume lassen und diese mit verschlagenem Ei bestreichen, gut andrücken und zu Ravioli ausstechen. Mit etwas Grieß bestäuben und auf ein Tuch legen.

Weißwein und Kalbsfond aufkochen, auf ein Drittel reduzieren, Sahne und Gewürze dazugeben und zusammen mit den gehackten Petersilieblättchen im Mixer pürieren. Durch ein Sieb gießen.

Fertigstellung:
Die Pilze putzen, kurz in kochendem Wasser blanchieren. Gut abtropfen lassen. Dann das Öl in einer Pfanne erhitzen und die Pilze kurz darin schwenken.
Ravioli in Salzwasser 3 Minuten garen, herausnehmen und zusammen mit der Sauce und den Pilzen in tiefen Tellern anrichten.

Heringsfilets gebraten mit Kapern

Zutaten:	Zubereitung:
Für 4 Personen	
600 g Heringsfilets	Heringsfilets säubern und entgräten.
Öl zum Ansautieren	
100 g Champignonwürfel *100 g Tomatenwürfel* *100 g Kartoffeln, fein gewürfelt und fritiert*	Die Champignons putzen, würfeln und in einem Teelöffel Öl rasch ansautieren. Die Tomaten in kochendes Wasser tauchen, die Haut abziehen, entkernen und in kleine Würfel schneiden, ebenfalls in einem Teelöffel Öl rasch ansautieren. Kartoffeln schälen, in kleine Würfel schneiden und in 2 Eßlöffel Öl goldgelb braten.
50 g Butter *3 EL Zitronenwürfel* *10 g kleine Kapern* *2 EL Apfelessig* *0,2 l Verjus*	Die ansautierten Gemüse auf Küchenkrepp abtropfen lassen. Die Butter bräunen, Zitronenwürfel und Kapern zugeben, mit Apfelessig ablöschen, Verjus dazugießen und abschmecken.
Zum Braten: *80 g Butter* *Mehl* *Salz* *Pfeffer aus der Mühle*	Fertigstellung: Die Heringsfilets mit Salz und Pfeffer würzen und leicht mit Mehl bestäuben. In einer Sauteuse die Butter bräunen und die Heringsfilets darin rasch braten.
1 TL gehackte Kerbelblätter	Auf vorgewärmten Tellern anrichten, die Gemüsewürfel darüberstreuen und mit der Sauce überziehen, Kerbelblätter darüberstreuen.

Langustinen auf Lauch in Paprika-Vinaigrette

Zutaten:
Für 4 Personen

4 rote Paprika
1 EL reduzierten Portwein
1 EL reduzierte Consommé
2 EL reduzierten Noilly Prat
1 EL reduzierten Weißwein
1 TL Balsamico-Essig
1 EL Estragonessig
4 EL Mazolaöl
2 EL Olivenöl
Salz
Pfeffer aus der Mühle

1 Stange Lauch

16 Langustinen
Salz

Zubereitung:

2 rote Paprika halbieren, Kerne entfernen und durch den Entsafter geben. Von diesem Paprikaschaum die Hälfte abnehmen und sämtliche Zutaten hineinrühren, gut abschmecken.

Die beiden restlichen Paprikaschoten vierteln, entkernen, unter dem Salamander bräunen, herausnehmen und die Haut abziehen. Das Fruchtfleisch in kleine Würfel schneiden.

Das Weiße vom Lauch in feine Streifen schneiden und in Salzwasser blanchieren, durch ein Sieb gießen.

Langustinen ausbrechen, den Darm entfernen und das Langustinenfleisch salzen.

Fertigstellung:
Die Paprikawürfel mit dem warmen Lauch und der Vinaigrette gut vermischen. Die Langustinen über Dampf zirka 3 bis 4 Minuten garen. Die Paprika-Vinaigrette auf Tellern verteilen, die Langustinen darauf anrichten und mit dem restlichen Paprikaschaum beträufeln.

Garnitur:
2 EL gehackten Kerbel

Mit feingehacktem Kerbel garnieren.

Schnecken-Ravioli mit Pistou

Zutaten:
Für 4 Personen

Zubereitung:

24 Weinbergschnecken

Die Schnecken kurz in kochendes Salzwasser geben, einmal aufkochen lassen und abschütten. Dann die Schnecken aus den Häuschen ziehen und entdärmen. Die Schnecken gut einsalzen und einige Stunden ausschleimen lassen.
Unter fließendem Wasser abspülen und zirka 3 Stunden im Gemüsesud gar kochen.

3 Kartoffeln
0,3 l Öl
1 Ei
Salz, Pfeffer aus der Mühle
etwas Mirepoix (siehe Anmerkung)

Die Kartoffeln schälen, in dünne Scheiben schneiden und gleichmäßig rund ausstechen. Mit dem verquirlten Ei bepinseln, mit Salz und Pfeffer würzen, mit je einer Schnecke belegen und mit einer Kartoffelscheibe bedecken. Gut andrücken und im auf 160 Grad erhitzten Fettbad ausbacken.

0,3 l Jus
100 g Butter
1 TL gehackten Kerbel
½ TL Basilikum
1 TL gehackte Petersilie
¼ TL Thymian
¼ Knoblauchzehe
Salz, Pfeffer aus der Mühle
2 Champignons oder Krause-Glucke-Pilze

Die Butter im Mixer mit den Kräutern aufmixen und in den Jus montieren. Nochmals aufmixen und abschmecken.

Die Ravioli in den Kräuterschaum legen; die Pilze in feine Streifen schneiden und darüberstreuen.

Anmerkung:
Mirepoix ist eine Mischung von feingewürfelten Gemüsen. Sie enthält gleiche Mengen von Lauch, Sellerie, Karotten und Zwiebeln und wird mit einigen Pfefferkörnern, Lorbeerblatt und einem Thymianzweig gewürzt.

Gebratene Seebarschfilets mit Kapern

Sie können die Seebarschfilets wie auf dem Foto mit Kapernsauce und Kartoffeln zubereiten oder eine zweite Variante mit den folgenden Zutaten:

Zutaten:	Zubereitung:
Für 4 Personen	
600 g Seebarschfilets	Seebarschfilets säubern und entgräten.
100 g Champignonwürfel	Die Champignons putzen, würfeln und in einem Teelöffel Öl rasch ansautieren.
100 g Tomatenwürfel *100 g Kartoffeln, fein gewürfelt und fritiert* *Olivenöl*	Die Tomaten in kochendes Wasser tauchen, die Haut abziehen, Tomaten entkernen, in kleine Würfel schneiden und ebenfalls in einem Teelöffel Öl rasch ansautieren. Kartoffeln schälen, in kleine Würfel schneiden und in 2 Eßlöffel Öl goldgelb braten. Die Gemüse auf Küchenkrepp abtropfen lassen.
50 g Butter *1 Zitrone* *10 g kleine Kapern* *2 EL Apfelessig* *0,2 l Verjus*	Zitrone schälen, filieren und in kleine Würfel schneiden. Butter bräunen, Zitronenwürfel und Kapern zugeben, mit Apfelessig ablöschen, den Verjus dazugeben und abschmecken.
Zum Braten: *80 g Butter* *etwas Mehl* *Salz* *Pfeffer aus der Mühle*	**Fertigstellung:** Die Seebarschfilets mit Salz und Pfeffer würzen und leicht mit Mehl bestäuben. In einer Sauteuse die Butter bräunen und die Fischfilets rasch darin braten.
1 TL gehackte Kerbelblätter	Auf vorgewärmten Tellern anrichten, die Gemüsewürfel darüberstreuen, mit der Sauce überziehen und mit Kerbelblättern garnieren.

Kartoffelrösti mit Hummer und Tomaten-Basilikum-Vinaigrette

Zutaten:
Für 4 Personen

Zubereitung:

2 Hummer à 400 g
Salz

Die Hummer mit dem Kopf voran in kochendes Salzwasser geben, 10 Minuten kochen, vom Herd nehmen und noch 3 Minuten im Sud ziehen lassen. Herausnehmen, Scheren und Schwänze ausbrechen, Darm entfernen.

Vinaigrette:
2 Tomaten
1 EL feingehacktes Basilikum
2 EL Rotweinessig
2 EL Olivenöl
1 EL Wasser
Salz
Pfeffer aus der Mühle

Die Tomaten häuten, entkernen und fein würfeln.

In einer Schüssel alle Zutaten gut miteinander verrühren und abschmecken.

200 g junge Bohnen
Salz

Wasser aufkochen, salzen, die geputzten Bohnen hineingeben und kochen. Sie sollten noch bißfest sein.

100 g Totentrompeten
Salz
Pfeffer aus der Mühle
1 TL Butter

Die Pilze waschen und in sprudelndem Salzwasser kurz blanchieren. Durch ein Sieb abgießen. Die Pilze kurz in der Butter ansautieren und mit Salz und Pfeffer würzen.

Rösti:
2 große Kartoffeln
Salz
Pfeffer aus der Mühle
2 EL Olivenöl

Die Kartoffeln schälen, in streichholzförmige Streifen schneiden, abtrocknen und mit Salz und Pfeffer würzen. In einer kleinen Pfanne das Öl erhitzen, die Kartoffeln einschichten und goldgelb braten.

Fertigstellung:

1 EL Butter
1 TL Basilikum

Die Butter in einer Sauteuse schmelzen, das in feine Streifen geschnittene Basilikum hineingeben und den in Scheiben geschnittenen Hummer erwärmen.

Die Bohnen und Pilze mit der Vinaigrette vermischen und zusammen mit den Hummerscheiben und den Kartoffelrösti auf Tellern anrichten.

Suppen

Kartoffelsuppe »Gänseblümchen«

Zutaten:
Für 4 Personen

300 g mehlige Kartoffeln
0,2 l Sahne
100 g Butter
Muskatnuß
0,2 l kräftige Consommé
Salz
Pfeffer aus der Mühle

einige Gänseblümchenblüten

Zubereitung:

Die Kartoffeln schälen, achteln und in gut gesalzenem Wasser garen.
Die Kartoffeln durch die Kartoffelpresse drücken, noch heiß auf dem Herd mit der zerlassenen Butter und der Sahne glattrühren. Abschmecken, die Consommé darunterrühren und aufkochen lassen.

Fertigstellung:
Die Kartoffelsuppe in Suppentassen füllen und die Gänseblümchenblüten darüberstreuen.

Fenchelcreme mit Croûtons

Zutaten:
Für 4 Personen

120 g Fenchel
80 g Butter
1 Spritzer Pernod
1 Spritzer Noilly Prat
0,1 l Weißwein
1 l Fond blanc
1 TL Liebstöckel
200 g Crème double
2 EL geschlagene Sahne
Salz
Muskat
etwas gehacktes Fenchelgrün

Zubereitung:

Die Fenchelherzen in feine Würfel schneiden und mit der Hälfte der Butter glasig anschwitzen, mit Pernod und Noilly Prat ablöschen und den Weißwein dazugeben. Leicht ankochen lassen und mit dem Fond blanc auffüllen, Liebstöckel dazugeben, bis zur Hälfte einkochen lassen, die Fenchelwürfel durch ein Sieb gießen und zur Seite stellen. Den so entstandenen Fond mit der Crème double und der restlichen Butter binden, mit Salz und Muskat abschmecken. Im Mixer kräftig aufschlagen und die geschlagene Sahne unterziehen.

Garnitur:
2 Scheiben Weißbrot (ohne Rinde)
30 g Butter

Das Weißbrot in sehr kleine Würfel schneiden, in Butter goldbraun braten, auf Küchenkrepp abtropfen lassen.

Fertigstellung:
Die Fenchelcreme auf vorgewärmten Tellern oder in Tassen anrichten, die Fenchelwürfel hineingeben, mit Croûtons und Fenchelgrün bestreuen.

Getrüffelter Gänseleberpunsch

Zutaten:
Für 4 Personen

Punsch:
0,8 l Consommé
0,1 l Portwein
6 EL Madeira
0,2 l Trüffeljus
Salz
Pfeffer aus der Mühle

Einlage:
60 g Gänseleber, gesäubert
10 Trüffelscheiben

Zubereitung:

In einem Topf die Consommé erhitzen, mit Portwein, Madeira und Trüffeljus abschmecken und mit Salz und Pfeffer würzen.

Fertigstellung:
Die Gänseleber in kleine Würfel schneiden und ohne Fett in einer beschichteten Pfanne kurz ansautieren.
Den heißen Punsch in vorgewärmte Tassen füllen und die Trüffelscheiben und Gänseleberwürfel einlegen.

Vichyssoise mit Kaviar

Zutaten:
Für 4 Personen

0,5 l kräftige Brühe
4 EL Kartoffelpüree von mehligen Kartoffeln
2 EL Crème fraîche
1 EL geschlagene Sahne
1 EL feingeschnittenen Schnittlauch
4 TL Kaviar
Salz
Pfeffer aus der Mühle

Zubereitung:

Die Consommé in einem Topf aufkochen, das Kartoffelpüree einrühren, die Crème fraîche dazugeben und mit Salz und Pfeffer abschmecken.

Auf Eis kalt rühren, die Suppe sollte dickflüssig sein.

Fertigstellung:
Die Vichyssoise mit dem Handmixer schaumig aufschlagen und die geschlagene Sahne unterziehen.
Auf Teller verteilen, den Schnittlauch darüberstreuen und etwas Kaviar in die Mitte setzen.

Kalte Austernconsommé mit Tomate und Basilikum

Zutaten:
Für 4 Personen

12 Belon-Austern
0,5 l geklärte, kalte Fischconsommé
2 cl Champagner
Saft der Austern

1 Tomate
4 Blätter Basilikum

Zubereitung:

Die Austern ausbrechen, das Meerwasser durch ein Haarsieb gießen und auffangen. Die kalte Fischconsommé mit Champagner und dem Saft der Austern mischen, salzen.

Tomate in heißes Wasser tauchen, schälen, vierteln, die Kerne entfernen und das Fruchtfleisch in kleine Würfel schneiden. Die Basilikumblätter in feine Streifen schneiden.

Fertigstellung:
In die Austernconsommé die Tomatenwürfel und das Basilikum einrühren, in kalte Suppenteller gießen und die Austern hineinlegen.

Blumenkohlsuppe mit Kürbiskernöl

Zutaten:
Für 4 Personen

200 g Blumenkohlröschen
0,75 l starke Brühe
100 g Butter
3 EL Weißwein
10 EL geschlagene Sahne
Salz

Zubereitung:

Blumenkohlröschen kleinschneiden, die Brühe aufkochen, den Blumenkohl darin weich kochen und zusammen mit den kalten Butterflöckchen im Mixer fein pürieren. Durch ein Sieb passieren und mit Weißwein und Salz abschmecken. Die geschlagene Sahne unterrühren.

2 EL Kürbiskernöl
1 TL feingehackte Petersilie
1 TL feingehackten Liebstöckel

Fertigstellung:
Die Suppe in Suppentassen füllen und mit wenig Kürbiskernöl beträufeln. Mit den feingehackten Kräutern bestreuen.

Fische, Krusten- und Schalentiere

Kartoffelrösti mit Hummer und Pfifferlingen

Zutaten: *Für 4 Personen*	Zubereitung:
2 Hummer à 400 g *Salz*	Die Hummer mit dem Kopf voran in kochendes Salzwasser geben und 10 Minuten kochen. Vom Herd nehmen und im Wasser 3 Minuten ziehen lassen. Die Hummer herausnehmen, Scheren und Schwänze ausbrechen, den Darm entfernen.
Rösti: *2 kleine Kartoffeln* *Salz* *Pfeffer aus der Mühle* *1 EL Olivenöl*	Rohe Kartoffeln schälen, in streichholzförmige Streifen schneiden, abtrocknen und würzen. In einer kleinen Pfanne das Öl erhitzen, die Kartoffeln einschichten und goldgelb braten.
80 g kleine Pfifferlinge: *Salz* *1 Paprikaschote rot*	Die geputzten Pfifferlinge in wenig Wasser mit etwas Salz kurz andämpfen. Paprika halbieren, Kerngehäuse entfernen, kurz unter dem Salamander bräunen, die Haut abziehen, fein würfeln.
Garnitur: *etwas Feldsalat*	Fertigstellung: Kartoffelrösti auf Tellern anrichten, mit dem Hummerfleisch umlegen, Pfifferlinge darübergeben und mit Feldsalat und Paprikawürfeln ausgarnieren.

Seeigel in Tomatengelee auf Kaviarsahne

Zutaten:
Für 4 Personen

12 Seeigel

Tomatengelee:
1000 g Tomaten
10 g Salz
2 Eiweiß
2 kleine Sternanis
4 Blatt Gelatine
0,125 l Noilly Prat auf die Hälfte reduziert

Kaviarsahne:
2 EL Crème fraîche
0,125 l Sahne
Salz
etwas Zitronensaft
1 EL Kaviar

Zubereitung:

Die Seeigel aufschneiden, ausbrechen, Saft für das Tomatengelee zur Seite stellen.

Tomaten waschen, halbieren, den Strunk herausschneiden, zerkleinern und mit dem Salz pürieren, mit dem Eiweiß verrühren, in einen Topf geben, aufkochen, etwas ziehen lassen, durch ein Tuch passieren, alle Zutaten zugeben, 10 Minuten ziehen lassen, Sternanis herausnehmen, auf Eis kalt rühren.

Eine Terrinenform auf Eis stellen, gut kühlen, mit dem Tomatengelee etwas ausgießen, Seeigelfleisch einlegen, mit Gelee zugießen und für zirka 2 Stunden im Kühlschrank fest werden lassen.

In einer Glasschüssel Crème fraîche und Sahne gut glattrühren, würzen und zuletzt Kaviar unterziehen.

Fertigstellung:
Die Form mit dem Seeigel in Gelee kurz in heißes Wasser tauchen, stürzen, in Stücke schneiden.
Mit der Sauce einen Spiegel auf Teller gießen, Seeigel darauf plazieren.

Ganzer Lachs in Salzteig mit Dill und Gurkensalat

Rezept siehe nächste Seite

Zutaten:
Für 4 Personen

Zubereitung:

Salzteig:
400 g Salz
400 g Mehl
2 Eier
150 g Wasser

Alle Zutaten zu einem glatten Teig verarbeiten und eine Stunde im Kühlschrank ruhen lassen. Herausnehmen und zirka 1½ Zentimeter dick ausrollen.

1 Lachs, ca. 1 kg
Salz
1 Bund Dill

Den Lachs ausnehmen und salzen, den Dill zupfen.
Den Fisch auf den Salzteig legen, Dill darüberstreuen und in den Teig einwickeln.

1 Ei zum Bestreichen

Das Ei verquirlen und den eingepackten Lachs damit bestreichen. Im vorgeheizten Backrohr bei 250 Grad zirka 25 Minuten garen.

Gurkensalat:
1 Salatgurke
1 EL Sherryessig
2 EL Balsamico-Essig
3 EL Olivenöl, kaltgepreßt
Salz
Pfeffer aus der Mühle

Die Gurke schälen und in feine Scheiben schneiden.
Aus den übrigen Zutaten eine Marinade herstellen und die Gurkenscheiben damit marinieren.

Fertigstellung:
Den Lachs aus dem Rohr nehmen und im Salzteig servieren. Bei Tisch aufschneiden, die Haut abziehen, portionsweise auf Tellern anrichten und mit dem Gurkensalat servieren.

Frikassee von der Meeresspinne mit Gemüseravioli

Zutaten:
Für 4 Personen

Zubereitung:

Gemüseravioli,
Ravioliteig:

400 g Mehl
4 Eier
3 EL Milch
3 EL Öl
Salz
1 Ei zum Bestreichen

Mehl, Eier, Milch, Öl und Salz gut vermischen, zu einem glatten Teig verkneten und eine Stunde zugedeckt ruhen lassen.

40 g Karotten
40 g Zucchini
50 g Champignons
20 g Butter
Salz
Pfeffer aus der Mühle
3 EL Rotweinsauce

Das Gemüse putzen und in feine Würfel schneiden. Karotten- und Zucchiniwürfel in der heißen Butter rasch ansautieren, würzen, die Champignonwürfel und Rotweinsauce dazugeben und kurz einkochen lassen.

Den Ravioliteig in zwei gleich große Platten dünn ausrollen, kleine Häufchen von dem Gemüse daraufsetzen, die Zwischenräume mit dem verquirlten Ei bestreichen, die zweite Teigplatte darüberlegen, gut andrücken, Ravioli ausstechen, mit Mehl bestäuben und mit einem Tuch zudecken.

Frikassee von der Meeresspinne:

4 Meeresspinnen à 250 g
1 l Fischfond
0,2 l Weißwein
0,1 l roten Portwein
1 Spritzer Cognac
50 g Butter

Die Meeresspinnen in einem großen Topf mit reichlich sprudelnd kochendem Salzwasser 10 Minuten garen, ausbrechen, die Schalen säubern und für das Anrichten aufheben. Scheren, Füße und Körper ohne Fleisch in einem Topf mit der Butter und dem Fischfond zirka eine halbe Stunde kochen lassen.

1 Tomate
2 Schalotten
1 Karotte
1 kleine Stange Lauch
1 kleine Stange Sellerie
1 Knoblauchzehe

Die Tomate häuten, entkernen und würfeln. Schalotten, Karotte, Lauch und Sellerie waschen, putzen und grob würfeln. Die ungeschälte Knoblauchzehe leicht andrücken. Alles zu dem Fischfond geben.

etwas Zitronensaft
200 g Butter

Weißwein, Portwein und den Spritzer Cognac dazugießen, um ein Drittel reduzieren und durch ein Sieb passieren. Mit der Butter und etwas Zitronensaft im Mixer aufschlagen.

Kohlrabi-Nudeln:
1 mittelgroßen Kohlrabi

Den Kohlrabi in einen Zentimeter dicke Scheiben schneiden, das Innere rund ausstechen und von der Seite her mit dem Schäler zu Bandnudeln schälen. In Salzwasser blanchieren und das Wasser abgießen.

Fertigstellung:
In einem großen Topf reichlich Salzwasser zum Kochen bringen, die Ravioli hineingeben, 2 Minuten garen, mit dem Schaumlöffel herausnehmen.

Das Meeresspinnenfleisch in der Sauce erwärmen, mit den Gemüseravioli und den Kohlrabi-Nudeln in der Schale anrichten.

Rotbarbenfilet mit Tomaten-Estragon-Schaum und Croûtons

Zutaten:
Für 4 Personen

4 Rotbarben à 200 g
2 EL Olivenöl
Salz
Pfeffer aus der Mühle

Zubereitung:

Die Rotbarben schuppen, ausnehmen, filieren, die Gräten entfernen und mit Salz und Pfeffer würzen.

Tomaten-Estragon-Schaum:
1500 g reife Tomaten
150 g Butter
1 EL feingehackten Estragon
Salz
Pfeffer aus der Mühle

Die Tomaten waschen und im Mixer zerkleinern. Durch ein Sieb streichen und durch ein Tuch passieren.
Den so gewonnenen Saft in einen Topf geben, auf ein Drittel einkochen lassen und mit der Butter schaumig aufschlagen.
Den Estragon zugeben und mit Salz und Pfeffer würzen.

Croûtons:
2 Scheiben Toastbrot (2 Tage alt)
50 g Butter

Die Toastbrotscheiben entrinden und in kleine Würfel schneiden. Die Butter schmelzen und die Würfel darin goldgelb braten, herausheben und auf Küchenkrepp abtropfen lassen.

Fertigstellung:
Die Rotbarbenfilets in heißem Olivenöl beidseitig kurz anbraten. Auf vorgewärmten Tellern anrichten, die Sauce darübergeben und die Croûtons darüberstreuen.

Saibling pochiert mit Petersiliensauce

Zutaten:
Für 4 Personen

80 g krause Petersilie
20 g glatte Petersilie

1 kleine Schalotte
80 g Butter
3 EL Weißwein
0,5 l Geflügelbrühe
0,2 l Crème double
Salz
Pfeffer aus der Mühle

2 Saiblinge à ca. 300 g

0,2 l Fischfond
Salz
Pfeffer aus der Mühle

Zubereitung:

Die gewaschene Petersilie kurz mit kochendem Wasser überbrühen, sofort abseihen.

In einem Topf die feingeschnittene Schalotte mit der Hälfte der Butter ansautieren, Petersilie dazufügen, mit Weißwein ablöschen, Geflügelbrühe und die restliche Butter zufügen, Crème double einrühren und einmal aufkochen lassen. Die Sauce im Mixer aufschlagen, würzen.

Die Saiblinge filieren, enthäuten, entgräten.

Fertigstellung:
Die gewürzten Saiblingfilets über Dampf zirka 3 Minuten garen.

Die Petersiliensauce auf Teller anrichten, die pochierten Saiblingfilets daraufsetzen.

Lachsfilet mit Lauch in Strudelteig

Zutaten: *Für 4 Personen*	Zubereitung:
Fischfarce: *100 g Hecht- oder Zanderfilet* *1 Ei* *80 g Crème double* *Salz* *Pfeffer aus der Mühle*	Das gut gekühlte Fischfilet in Stücke schneiden, salzen, im Cutter sehr fein zerkleinern. Das Ei und die Crème double einarbeiten, würzen und durch ein Haarsieb streichen.
40 g Gemüsewürfel (Karotten, Sellerie) *10 g Butter* *1 EL süße Sahne*	Karotten und Sellerie schälen, in feine Würfel schneiden und in der Butter kurz anschwitzen. Abkühlen lassen, mit der Farce mischen und die süße Sahne unterziehen.
Strudelteig: *300 g Mehl* *etwas lauwarmes Wasser* *5 EL Öl* *Salz*	Alle Zutaten zu einem glatten Teig verarbeiten und zugedeckt zirka 30 Minuten ruhen lassen.
320 g Lachsfilet	Den Lachs in 4 gleich große Stücke teilen.
500 g junger Lauch *Salz*	Vom Lauch die grünen Teile und den Strunk entfernen. Das Weiße der Länge nach halbieren und in Salzwasser blanchieren. Das Wasser abgießen, den Lauch auskühlen lassen und trockentupfen.
Sauce: *0,1 l Weißwein* *2 cl Noilly Prat* *1 kleine Schalotte* *0,4 l Fischfond* *0,2 l Crème double* *30 g Butter* *Salz* *1 TL Estragonessig* *15 Estragonblätter*	Weißwein, Noilly Prat und feingeschnittene Schalotte kurz ankochen, mit dem Fischfond auffüllen und auf ein Viertel reduzieren. Die Crème double und die Butter dazugeben und etwa 10 Minuten leicht köcheln lassen. Durch ein Sieb gießen, im Mixer aufschlagen, mit Salz und Estragonessig abschmecken und die Estragonblätter zugeben.

Fertigstellung:
Den Strudelteig hauchdünn ausziehen und zu 4 Rechtecken von 15 × 15 Zentimeter schneiden.
Mit dem blanchierten Lauch belegen, die Farce darüberstreichen und die mit Salz und Pfeffer gewürzten Lachsfilets darauflegen.

1 Eigelb

Den Fisch in den Teig einschlagen, mit Eigelb bestreichen und im vorgeheizten Rohr bei 250 Grad zirka 8 Minuten backen.
Die Sauce auf Teller verteilen, die Lachsfilets in je 3 Tranchen teilen und fächerförmig darauf anrichten.

Rotbarbenfilets mit Trüffel und Artischocken

Zutaten:
Für 4 Personen

4 Rotbarben à 200 g
2 EL Olivenöl
Salz
Pfeffer aus der Mühle

4 große Artischocken
1½ l Wasser
0,1 l Champagneressig
2 Zitronen
Salz

Trüffelsauce:
30 g Périgord-Trüffel
5 EL Madeira
6 EL Trüffeljus
0,2 l Fond blanc
0,2 l Sahne
30 g Butter
etwas alter Balsamico-Essig

Zubereitung:

Die Rotbarben schuppen, ausnehmen, filieren, mit einer Pinzette entgräten und mit Salz und Pfeffer würzen.

Das Wasser, Zitronensaft, Salz und den Essig aufkochen.
Von den Artischocken die Stiele abbrechen und das Heu entfernen. Die Artischockenböden im Essigwasser gar kochen und herausnehmen.

In einer Sauteuse die Trüffelscheiben in 10 Gramm Butter ansautieren und salzen. Mit Madeira ablöschen und mit dem Fond auffüllen. Den Trüffeljus dazugeben und alles auf ein Drittel reduzieren. Die Sahne und die restliche Butter dazugeben und 2 Minuten weiterkochen. Die Trüffelscheiben herausnehmen, die Sauce im Mixer aufschlagen und die Trüffeln wieder in die Sauce geben.

Fertigstellung:
In einer Sauteuse das Öl erhitzen; die Rotbarbenfilets darin von beiden Seiten vorsichtig braten, ohne Farbe nehmen zu lassen. Die Artischockenböden in Scheiben schneiden und in der Trüffelsauce erwärmen. Die Filets auf vorgewärmten Tellern anrichten und mit der Trüffel-Artischocken-Sauce überziehen.

Saibling soufflieret mit Kräutern

Zutaten:	Zubereitung:
Für 4 Personen	
Farce: *100 g Hechtfilet* *100 g Zanderfilet* *2 Eier* *200 g Crème double* *Muskat* *Salz* *Pfeffer aus der Mühle*	Das gekühlte Hecht- und Zanderfilet in Stücke schneiden, salzen, zweimal durch die feine Scheibe des Fleischwolfs drehen, mit Ei, Crème double und den Gewürzen cuttern, durch ein Haarsieb streichen und kühl stellen.
30 g Gemüsewürfel *(Karotten, Lauch, Sellerie)* *30 g Butter* *3 EL süße Sahne*	Die kleingeschnittenen Gemüsewürfel in Butter weich dünsten, abkühlen lassen, unter die Farce rühren und die Sahne unterziehen.
1 Saibling, *ca. 400 g schwer*	Den Saibling auslösen, filieren, entgräten, die Haut abziehen und den Fisch in fingergroße Stücke schneiden.
Kräutermousse: *1 Handvoll Kerbel* *1 Handvoll Petersilie* *1 Handvoll* *Kapuzinerkresse* *20 g Butter* *1 Schalotte* *2 EL Weißwein* *0,2 l Sahne* *Zitronensaft* *Salz* *Pfeffer aus der Mühle*	Die gezupften Kräuter in eine Sauteuse geben, mit der Butter und der feingewürfelten Schalotte anziehen lassen und mit Weißwein ablöschen. Die Sahne dazugeben, kurz aufkochen lassen und im Mixer pürieren. Mit Salz, Pfeffer und Zitronensaft abschmecken und kalt stellen.
Sauce: *0,1 l Weißwein* *2 cl Noilly Prat* *1 Schalotte* *0,5 l Fischfond* *0,2 l Crème double* *30 g Butter* *Salz*	Weißwein, Noilly Prat und die feingeschnittene Schalotte ankochen, mit dem Fischfond auffüllen und auf ein Viertel reduzieren. Crème double und Butter dazugeben, 10 Minuten leicht köcheln lassen, abpassieren und im Mixer aufschlagen, abschmecken, eventuell nachwürzen. Aus Alufolie vier Hüllen formen (ähnlich einer Torten-Kapsel), die Fischfarce mit dem Spritzbeutel zur Hälfte einfüllen, die gewürzten Saiblingfiletstücke einlegen, mit der Kräutermousse überziehen und mit der restlichen Fischfarce schließen.
	Fertigstellung: Das Backrohr auf 220 Grad vorheizen und den Saibling darin etwa 5 Minuten garen.
Garnitur: *einige Estragonblätter*	Mit der Sauce auf vorgewärmten Tellern einen Spiegel gießen, die soufflierten Filets aus der Folie nehmen, darauf anrichten und mit frischen Estragonblättern garnieren.

Filet von Rotbarbe mit Zucchini

Zutaten:
Für 4 Personen

2 Rotbarben à 350 g
Salz
Pfeffer aus der Mühle
3 EL Olivenöl

1 kleinen Zucchino

Sauce:
Saft von ½ Zitrone
2 EL Olivenöl
1 EL reduzierter Weißwein
Salz
Pfeffer aus der Mühle
3 Blätter feingeschnittener Thymian

Zubereitung:

Die Rotbarben schuppen, filieren und mit einer Pinzette die Gräten entfernen. Die Filets kurz waschen und mit Salz und Pfeffer würzen.
Das Olivenöl erhitzen und die Filets auf der Hautseite anbraten, aus der Pfanne nehmen.

Zucchino mit der Schale in ganz dünne Scheiben schneiden.

Öl, Zitronensaft, Weißwein, Salz und Pfeffer gut miteinander verrühren, Thymian hinzufügen.

Fertigstellung:
Die Fischfilets mit der Hautseite nach oben in die Pfanne zurücklegen, mit den Zucchinischeiben schuppenartig belegen und mit Salz und Pfeffer würzen.
Im vorgeheizten Backofen bei 200 Grad 5 Minuten fertig garen.
Die Filets auf vorgewärmte Teller setzen und mit der Sauce überziehen.

Seeteufelmedaillons im Kartoffelmantel

Zutaten:
Für 4 Personen

400 g Seeteufelfilet
Salz
Pfeffer aus der Mühle

Farce:
100 g Hechtfleisch
0,1 l Crème double
1 Ei
2 EL geschlagene Sahne
Salz
Pfeffer aus der Mühle
Muskat

2 mittelgroße Kartoffeln (Sieglinde)
Salz
Pfeffer aus der Mühle
0,2 l geklärte Butter
30 g frische Butter

Zubereitung:

Seeteufelfilet in 12 gleich große Medaillons schneiden, würzen.

Das gekühlte Hechtfleisch in Stücke schneiden, salzen und im Cutter zerkleinern, Ei zugeben und langsam die Crème double einlaufen lassen, würzen, durch ein Sieb streichen, die geschlagene Sahne unterheben.

Kartoffeln schälen, mit der Aufschnittmaschine in papierdünne Scheiben schneiden, auf ein Tuch zu Vierecken 25×20 Zentimeter auslegen, würzen, mit der Farce bestreichen, die Seeteufelmedaillons einlegen, einschlagen, gut andrücken.

Fertigstellung:
Die Butter erhitzen und die Medaillons von allen Seiten gleichmäßig bräunen.
In frischer Butter im vorgewärmten Backrohr fertig garen.
In Scheiben schneiden und auf Tellern anrichten.

SAFRAN

Ballotine von Hummer in Safran

Zutaten:
Für 4 Personen

2 Hummer
à zirka 400–500 g
100 g Hechtfleisch
100 g Crème double
1 Ei
Salz, Muskat,
etwas Pfeffer
aus der Mühle
2 EL geschlagene Sahne
1 EL Zucchini, in feinste Würfelchen geschnitten
1 EL Karotten, in feinste Würfelchen geschnitten
½ EL Lauch, in feinste Würfelchen geschnitten
30 große Spinatblätter

Sauce:
1 Schalotte
½ Fenchelknolle
1 Karotte
1 kleines Stück Lauch
1 kleines Stück Sellerie
20 g Butter
½ TL Safranfäden
1 TL Pernod
3 EL Weißwein
3 EL Noilly Prat
0,3 l Fischfond
0,3 l Fond blanc
0,4 l Crème double
Salz, Zitrone
50 g Butter

Zubereitung:

Das Hechtfleisch in Stücke schneiden, salzen und kurz in das Gefrierfach des Kühlschranks geben. Im Cutter zerkleinern, nach und nach das Ei und die Crème double zugeben. Abschmecken und durch ein feines Haarsieb streichen.
Die Gemüse-Brunoise blanchieren, gut abtrocknen, unter die Farce rühren und die geschlagene Sahne unterheben. Die Spinatblätter kurz blanchieren, auf einem Tuch zu einer Matte auslegen und trockentupfen. Die Farce gleichmäßig darauf verteilen.
Die Hummer in kochendes Wasser geben, kurz darin ziehen lassen und ausbrechen. Das Hummerfleisch zu einer gleichmäßigen Rolle formen, in die Mitte der Spinatmatte legen und vorsichtig aufrollen. Mit etwas Weißwein zirka 10 bis 15 Minuten im Dämpfer garen.

Das Gemüse putzen und mit allen anderen Zutaten in Butter anschwitzen. Mit dem Alkohol ablöschen und gut einkochen lassen. Mit Fond blanc und dem Fischfond aufgießen und auf ein Viertel reduzieren. Die Crème double zugeben, zirka 10 Minuten köcheln lassen. Das Ganze durch ein feines Sieb passieren, die Butter zugeben, im Mixer aufschlagen und gut abschmecken.
Auf einen Teller einen Saucenspiegel geben, die Hummer-Ballotine in Scheiben schneiden und darauf anrichten.

St. Petersfisch auf Wirsing mit Ingwer

Zutaten:
Für 4 Personen

Wirsing:
½ Wirsingkopf
3 Scheiben durchwachsener Speck
5 EL Sahne
Salz
Pfeffer aus der Mühle
Muskat

Fisch:
4 Filets vom St. Petersfisch
Salz
Pfeffer aus der Mühle

Sauce:
0,2 l Fischfond
100 g Butter
1 kleine Knolle Ingwer

Zubereitung:

Den Strunk und die dicken Wirsingblätter entfernen. Die zarten Wirsingblätter in 3 × 3 Zentimer große Quadrate schneiden. In sprudelndem Salzwasser blanchieren und in Eiswasser abschrecken, gründlich trockentupfen. Den Speck in kleine Würfel schneiden, kurz blanchieren, abgießen und kurz anschwitzen. Die Sahne dazugießen und zur Hälfte reduzieren. Den Wirsing hineingeben und mit Salz, Pfeffer und Muskat abschmecken.

Den Fisch auslösen, enthäuten, entgräten und in 4 Filets schneiden.

Den Fischfond in einer Sauteuse zur Hälfte reduzieren, mit der kalten Butter im Mixer aufschlagen und einen Teelöffel Ingwer hineinreiben.

Fertigstellung:
Die gewürzten St. Petersfisch-Filets auf einem Gitter über Dampf garen, auf vorgewärmten Tellern mit der Sauce anrichten und mit frisch geriebenem Ingwer bestreuen.

Steinbutt im Spinatmantel mit Saucen-Dialog

Zutaten:
Für 4 Personen

Zubereitung:

Farce:
100 g Hechtfleisch
80 g Crème double
1 Ei
Muskat
Salz
Pfeffer aus der Mühle
3 EL geschlagene Sahne

Das gut gekühlte Hechtfleisch in Stücke schneiden, salzen, im Cutter zerkleinern. Das Ei zugeben und nach und nach die Crème double unterrühren. Mit Salz, Pfeffer und Muskat würzen, durch ein Haarsieb streichen und die geschlagene Sahne unterheben.

4 Scheiben Steinbutt à 100 g, 1 cm dick geschnitten
Salz
32 große Spinatblätter

Die Spinatblätter kurz blanchieren, auf einem Tuch 8 Vierecke damit auslegen und trockentupfen. Die Farce einen Zentimeter dick daraufstreichen, die gesalzenen Steinbuttscheiben darauflegen und gut einschlagen.

Rotweinbutter:
0,25 l Rotwein
1/16 l roten Portwein
2 Schalotten
80 g Butter
Salz

Den Rotwein, Portwein und die feingeschnittenen Schalotten aufkochen, auf ein Minimum reduzieren und 5 Minuten ziehen lassen. Nochmals erwärmen und diese sirupartige Reduktion mit einem Spritzer Rotwein lösen, nach und nach die Butter einrühren und salzen. Sollte die Rotweinbutter zu säuerlich schmecken, noch etwas reduzierten Portwein zufügen.

Champagnersauce:
6 EL Weißwein
1 EL Noilly Prat
0,25 l Fischfond
0,125 l Crème double
20 g Butter
Salz
2 EL geschlagene Sahne
1 EL Champagner

Weißwein und Noilly Prat ankochen, mit Fischfond auffüllen, auf ein Viertel reduzieren und die Crème double und Butter dazugeben. 10 Minuten leicht kochen lassen, abpassieren und im Mixer aufschlagen. Zuletzt die geschlagene Sahne und den Champagner unterrühren.

Fertigstellung:
Die eingeschlagenen Steinbuttscheiben in einer Gratinschale mit etwas Fischfond im vorgeheizten Ofen bei 200 Grad 6 Minuten garen, herausnehmen und trockentupfen.

Auf vorgewärmten Tellern anrichten und mit beiden Saucen umgießen.

Wildlachsroulade mit Wirsing und Pfifferlingen

Zutaten:
Für 4 Personen

Zubereitung:

Farce:
100 g Hechtfilet
1 Ei
100 g Crème double
Salz
Pfeffer aus der Mühle
Muskat

Das kalte Hechtfleisch in Stücke schneiden, salzen, zweimal durch die feine Scheibe des Fleischwolfs drehen, mit dem Ei und der Crème double im Mixer aufschlagen, würzen, durch ein Haarsieb streichen und kalt stellen.

200 g kleine Pfifferlinge
10 g Butter
1 EL geschlagene Sahne

Die Pilze verlesen, in der Butter ansautieren, abkühlen lassen, unter die Farce geben und die Sahne unterziehen.

Lachsroulade:
350 g Wildlachsfilet
4 helle Wirsingblätter
Salz
Pfeffer aus der Mühle

Die Wirsingblätter vom Strunk befreien und in sprudelndem Salzwasser blanchieren.
Die Farce auf die Blätter streichen, die gewürzten Lachsfilets darauflegen und den Fisch einwickeln.

Vinaigrette:
1 Messerspitze Senf
1½ EL alten Balsamico-Essig
2½ EL neuen Balsamico-Essig
1½ EL Fond blanc
2 EL reduzierten Portwein
2 EL reduzierten Madeira
5 EL Olivenöl, kaltgepreßt
5 EL Mazola

In einer Schüssel alle Zutaten – mit Ausnahme des Olivenöls – gut verrühren, zum Schluß langsam das Öl zugeben.

Fertigstellung:
Die Wildlachsroulade über Dampf auf einem Gitter zirka 12 Minuten dämpfen, herausnehmen und in Scheiben schneiden. Auf vorgewärmten Tellern anrichten und jeweils 2 Eßlöffel Vinaigrette daneben geben. Eventuell mit Herbsttrompeten garnieren.

Gambas auf Spitzkohl mit Kümmelsauce

Zutaten:
Für 4 Personen

24 Gambas

Kümmelsauce:
0,1 l Weißwein
2 EL Noilly Prat
1 Schalotte
0,5 l Fischfond
1 TL Kümmel, Salz
150 g Butter

Spitzkohl:
200 g Spitzkohlblätter
Salz
Muskat
70 g Sahne

Zubereitung:

Die Gambas ausbrechen, den Darm entfernen und die Gambas unter fließendem Wasser abspülen.

Den Weißwein und Noilly Prat mit der in feine Würfel geschnittenen Schalotte kurz aufkochen, mit Fischfond auffüllen und auf ein Drittel einkochen lassen. Salz und Kümmel dazugeben, weiterköcheln lassen und durch ein Sieb gießen.

Von den Spitzkohlblättern den Strunk entfernen und die Blätter in Rauten von 3 x 3 Zentimeter schneiden. In sprudelndem Salzwasser kurz blanchieren. Das Wasser abgießen und die Kohlblätter gut abtropfen lassen, leicht ausdrücken und mit der Sahne in einen Topf geben und gar werden lassen. Mit Salz und Muskat abschmecken.

Fertigstellung:
Die Gambas im Dampf 4 bis 5 Minuten garen. Die Kümmelsauce mit der Butter im Mixer aufschlagen. Das Spitzkohlgemüse auf vorgewärmten Tellern anrichten, die Gambas daraufsetzen und mit der Sauce überziehen.

Seeteufelmedaillons in Safran mit Courgetten

Zutaten:
Für 4 Personen

Zubereitung:

400 g Seeteufelfilets sauber pariert
Salz
Pfeffer aus der Mühle

Die Seeteufelfilets in 16 gleich große Scheiben schneiden und mit Salz und Pfeffer würzen.

Sauce:
1 Schalotte
½ Fenchelknolle
1 Karotte
1 kleines Stück Lauch
1 kleines Stück Sellerie
20 g Butter
½ TL Safranfäden

Alle Gemüse putzen, waschen und kleinschneiden.
In einer Sauteuse die Butter erhitzen und die Gemüse darin anschwitzen, ohne dabei Farbe nehmen zu lassen.
Die zerriebenen Safranfäden hinzugeben.

1 TL Pernod
3 EL Weißwein
3 EL Noilly Prat
0,3 l Fischfond
0,3 l Fond blanc
0,4 l Crème double
Salz
Zitronensaft
40 g Butter

Mit Pernod, Weißwein und Noilly Prat ablöschen, mit Fischfond und Fond blanc auffüllen und auf ein Drittel reduzieren. Die Crème double hinzugeben und alles zirka 10 Minuten langsam köcheln lassen, dabei abschäumen. Die Sauce durch ein Sieb gießen und mit Salz und Zitronensaft abschmecken. Mit der Butter im Mixer aufschlagen.

1 rote Paprikaschote
2 kleine Courgetten
20 g Butter
2 EL Wasser
Salz

Die Paprikaschote vierteln, entkernen und unter dem Salamander oder Grill bräunen. Herausnehmen und die Haut abziehen. Das Fruchtfleisch in kleine Würfel schneiden. Courgetten waschen und ungeschält ebenfalls in kleine Würfel schneiden. Beide Gemüse in einer Sauteuse mit Butter, Wasser und Salz kurz dünsten.

Fertigstellung:
Die Seeteufelmedaillons auf ein gebuttertes Gitter setzen und zugedeckt in einem Topf über Dampf zirka 4 Minuten garen. Das Paprika-Courgetten-Gemüse mit der Safransauce mischen. Die Fischmedaillons auf vorgewärmten Tellern anrichten und mit der Sauce übergießen.

Rotbarbenfilets mit Zwiebelconfit

Zutaten:
Für 4 Personen

2 Rotbarben à 350 g
Salz
Pfeffer aus der Mühle
5 EL Olivenöl

Zwiebelconfit:
250 g Zwiebeln
0,25 l Weißwein
0,125 l leichtes Olivenöl
Saft von 2 Zitronen
1 EL Zucker
Salz

Gewürzbeutel:
1 EL weiße Pfefferkörner
½ EL Koriander
1 EL Wacholder
2 Lorbeerblätter
1 Gewürznelke
etwas Zitronenthymian

1 EL Basilikum, feingehackt
1 TL Minze, feingehackt
etwas reduzierten Noilly Prat

Zubereitung:

Die Rotbarben filieren, schuppen und mit einer Pinzette die Gräten ziehen, kurz waschen, mit Salz und Pfeffer würzen.

Die Zwiebeln in Julienne-Streifen schneiden, mit Weißwein, Olivenöl, Zitronensaft, Zucker, Salz und dem Gewürzbeutel in einem flachen Topf weich dünsten. Den Gewürzbeutel entfernen. Das feingehackte Basilikum und die Minze zugeben, eventuell etwas nachwürzen und mit reduziertem Noilly Prat abschmecken.

Fertigstellung:
In einer flachen Sauteuse das Öl erhitzen, die Rotbarbenfilets von beiden Seiten vorsichtig braten, aus der Pfanne nehmen und mit Küchenkrepp abtupfen.
Auf vorgewärmten Tellern anrichten, mit Zwiebelconfit servieren.

Etrilles mit Kohlrabi

Zutaten:
Für 4 Personen

zirka 1000 g Etrilles
4 mittelgroße, zarte Kohlrabi
150 g Crème double
Salz
Pfeffer aus der Mühle
Muskat

Sauce:
0,125 l Fischfond
150 g Butter
1 ungeschälte Knoblauchzehe
2 Schalotten
1 kleine Karotte
½ Staudensellerie
1 kleines Stück Lauch
Schalen der Krebse
Salz
2 EL Cognac
4 EL Portwein
2 EL Noilly Prat
5 EL Weißwein
1½ EL Tomatenmark
Concassé von 4 Tomaten
10 g Butter
0,75 l Fischfond
0,75 l Sahne

Zubereitung:

Die Etrilles abkochen, abkühlen lassen und ausbrechen. Vier schöne Panzer für die Garnitur zurückbehalten. Die restlichen waschen und kurz im Backrohr trocknen.

Den Fischfond mit der Butter erhitzen, aufschlagen und die Krebsschalen dazugeben. Die Knoblauchzehe und das geputzte und zerkleinerte Gemüse dazugeben und zirka 15 Minuten köcheln lassen. Mit dem Alkohol ablöschen und das Tomatenmark zugeben. Das Concassé separat schmelzen lassen und dazugeben. Nochmals etwa 10 Minuten köcheln lassen. Mit dem Fischfond aufgießen und auf ein Drittel reduzieren. Die Sahne dazugeben, weitere 15 Minuten köcheln lassen, abpassieren, abschmecken und kräftig aufmixen.

Die Kohlrabi schälen, in dünne, gleichmäßige Streifen schneiden und kurz in sprudelndem Salzwasser blanchieren. Die Kohlrabistreifen in der Crème double erhitzen, abschmecken und auf Tellern anrichten.

Das Etrilles-Fleisch in etwas Sauce erhitzen, auf die Kohlrabi verteilen. Die Sauce nochmals kräftig aufschlagen und darübergeben. Mit den restlichen Panzern garnieren.

Hummer im Kartoffelmantel mit Trüffelbutter

Zutaten: *Für 4 Personen*	Zubereitung:
Hummer: *2 kleine Hummer à 500 g, 2–3 l Wasser, 1 kleine Zwiebel, etwas Lauch, 1 kleines Stück Staudensellerie, Salz*	Das Wasser mit dem geputzten und grob zerkleinerten Gemüse und Salz zum Kochen bringen. Die Hummer mit dem Kopf voraus einlegen, 6 Minuten leicht kochen, anschließend noch 2 Minuten ziehen lassen. Nun einen Liter kaltes Wasser zugießen und die Hummer in diesem Sud nochmals 10 Minuten stehenlassen, damit sich das Fleisch entspannt. Die Hummer herausnehmen, das Fleisch aus Scheren und Schwänzen brechen und den Darm entfernen.
Farce: *100 g Hechtfleisch, 0,1 l Crème double, 1 Ei, Salz, Pfeffer aus der Mühle, Muskat, 2 EL geschlagene Sahne*	Das gekühlte Hechtfleisch in Stücke schneiden und im Cutter mit Salz zerkleinern. Das Ei zufügen und langsam die Crème double einlaufen lassen. Die Farce durch ein Sieb streichen und die geschlagene Sahne unterheben.
Trüffelbutter: *8 Scheiben Trüffel, 70 g Butter, Salz, 5 EL Madeira, 0,25 l Fond blanc, 6 EL Trüffeljus, 0,125 l Sahne*	In einer Sauteuse die Trüffelscheiben in etwas Butter kurz anziehen lassen, salzen und mit Madeira und Fond blanc aufgießen. Den Trüffeljus zufügen und alles auf die Hälfte reduzieren. Die Trüffelscheiben herausnehmen, die Sahne und die restliche Butter zugeben und im Mixer gut aufschlagen. Die Trüffelscheiben wieder zugeben.
4 mittelgroße Kartoffeln (Sieglinde), Salz, Pfeffer aus der Mühle, 0,1 l Olivenöl	Die Kartoffeln schälen und mit der Aufschnittmaschine in papierdünne Scheiben schneiden. Auf einem Tuch zu einem Viereck von 25 × 20 Zentimetern auslegen, salzen, mit der Farce gleichmäßig bestreichen, in die Mitte jeweils das Hummerfleisch legen und in die Kartoffelscheiben einrollen, gut andrücken. Die Rolle vorsichtig im heißen Olivenöl von allen Seiten gleichmäßig bräunen.
	Fertigstellung: Die Hummer-Kartoffel-Rolle in Scheiben schneiden. Die Trüffelbuttersauce auf vorgewärmte Teller geben, die Hummerscheiben daraufsetzen und die Trüffelscheiben darüber verteilen.

Gambas mit Kohlrabi in Basilikumsauce

Zutaten:
Für 4 Personen

Zubereitung:

20 Gambas

Gambas ausbrechen, den Darm entfernen und die Gambas unter fließendem Wasser abspülen.

Basilikumsauce:
0,1 l Weißwein
2 EL Noilly Prat
1 Schalotte
0,5 l Fischfond
1 Bund Basilikum
150 g Butter
Salz

Weißwein, Noilly Prat und die feingewürfelte Schalotte aufkochen, mit dem Fischfond auffüllen, die Basilikumstiele dazugeben und auf ein Drittel einkochen lassen. Durch ein Sieb gießen. Die Basilikumblätter in feine Julienne-Streifen schneiden.

Kohlrabinudeln:
1 mittelgroßen Kohlrabi
Salz

Kohlrabi in ein Zentimeter dicke Scheiben schneiden, das Innere rund ausstechen. Die Kohlrabischeiben vom Außenrand mit einem Kartoffel- oder Spargelschäler in bandnudelförmige Streifen schneiden. In sprudelndem Salzwasser blanchieren, das Wasser abgießen.

Fertigstellung:
Die Gambas im Dampf 4 bis 5 Minuten garen. Die Sauce mit der Butter im Mixer aufschlagen, salzen und die Basilikumblätter dazugeben. Die Kohlrabinudeln auf Tellern anrichten, die Gambas daraufsetzen und mit der Sauce überziehen.

Tourbot mit Oliven-Kartoffelsauce

Zutaten:
Für 4 Personen

450 g Steinbuttfilet
Salz
Pfeffer aus der Mühle

Oliven-Kartoffelsauce:
0,1 l Weißwein
0,2 l Noilly Prat
1 kleine Schalotte
0,5 l Kalbsfond
140 g Butter
Salz
3 EL Kartoffelpüree von mehligen Kartoffeln, gut gewürzt

100 g grüne Oliven (Korsika oder Mallorca, sind nicht so bitter)
5 g schwarze Oliven

Zubereitung:

Fischfilets mit Salz und Pfeffer würzen.

Weißwein, Noilly Prat und die feingeschnittene Schalotte kurz ankochen, mit dem Kalbsfond auffüllen und auf ein Drittel reduzieren. Die Butter einmontieren, das Kartoffelpüree unterrühren, aufmixen, durch ein Sieb passieren und pikant abschmecken.

Die Oliven entkernen, in kleine Würfel schneiden und leicht im Olivenfond erhitzen, abschütten und gut abtropfen lassen.

Fertigstellung:
Die gewürzten Steinbuttfilets auf einem Gitter über Dampf 3 bis 4 Minuten garen. Die Kartoffelsauce auf vorgewärmte Teller verteilen, den Steinbutt darauf anrichten und mit den Oliven belegen.

Fleisch, Wild und Wildgeflügel

Perlhuhn in Lehm mit Rosmarin

Zutaten:
Für 4 Personen

1 Perlhuhn
2 Rosmarinzweige
etwas Estragon
etwas Basilikum
Salz, Pfeffer aus der Mühle
4 dünne Scheiben grüner Speck
2000 g feuchter, geschmeidiger Lehm

Zubereitung:

Das Perlhuhn ausnehmen, waschen, gut abtrocknen und innen und außen würzen, mit den restlichen Gewürzen füllen. Die Brüste mit dem Speck gut bedecken. Den Lehm auf einem nassen Tuch ca. 1½ Zentimeter dick ausrollen, das Perlhuhn darin einschlagen und im vorgeheizten Rohr bei 180 Grad zirka 45 Minuten garen. Herausnehmen und noch zirka 15 Minuten ruhen lassen.

Rosmarinsauce:
einige Geflügelknochen
100 g Butter
1 Zwiebel
1 Stück Sellerie
1 Zweig Rosmarin
0,1 l Weißwein
0,25 l Geflügelfond
0,25 l Geflügeljus
Salz, Pfeffer aus der Mühle

Die Butter in einer Pfanne erhitzen, die kleingehackten Geflügelknochen darin langsam bräunen, das in grobe Würfel geschnittene Gemüse und die Rosmarinblätter dazugeben, mit Weißwein ablöschen und einkochen lassen. Mit Fond und Jus aufgießen und zur gewünschten Konsistenz reduzieren, abschmecken, durch ein Sieb gießen und im Mixer aufschlagen.

Lauchrösti:
2 große Kartoffeln
Salz
Pfeffer aus der Mühle

Die rohen Kartoffeln schälen und mit der Aufschnittmaschine in 3 Millimeter dicke Scheiben schneiden. Diese wiederum in schräge Streifen schneiden, gut abtrocknen, mit Salz und Pfeffer würzen.

Öl

In einer kleinen Pfanne das Öl erhitzen, die Kartoffelspäne einen Zentimeter hoch einschichten und von beiden Seiten goldbraun braten.

250 g Weißes vom Lauch
150 g Sahne
50 g Weißwein
etwas Trüffeljus
Salz, Pfeffer aus der Mühle
Muskat

Das Weiße vom Lauch in Rauten schneiden und zusammen mit der Sahne in einem Topf weich kochen, bis die Masse leicht sämig ist. Mit Weißwein, Trüffeljus und den übrigen Zutaten abschmecken. Wenn die Masse zu feucht sein sollte, auf ein Sieb geben und gut abtropfen lassen.
Die Lauchmasse einen halben Zentimeter dick auf die Rösti streichen.

100 g Blätterteig
1 Eigelb

Den Blätterteig dünn ausrollen und Kreise in Größe der Rösti ausstechen. Damit die Lauchrösti bedecken, mit Eigelb bestreichen und im vorgeheizten Backrohr bei 220 Grad 5 bis 8 Minuten backen.

Fertigstellung:
Das Perlhuhn in Lehm aufschneiden, aus dem Speck heben, Gewürze abstreifen und die Perlhuhnbrüste in Scheiben schneiden.
Auf vorgewärmten Tellern anrichten, die Sauce darübergießen und die Lauchrösti daneben anrichten.

Die Keulen warm stellen.

Spanferkelkeule in der Meersalzkruste mit Kümmelsauce

Zutaten:
Für 4 Personen

1 schöne Spanferkelkeule ca. 800–900 g

4000 g grobes Meersalz
4 Eier
100 g Petersilie
100 g Thymian
10 g Rosmarin
100 g Basilikum
Pfeffer aus der Mühle

Kümmelsauce:
20 g Kümmel
0,25 l Kalbsjus
1 EL Öl
2 EL Butter

Zubereitung:

Lassen Sie die Spanferkelkeule wie sie ist, die Haut wird erst nach dem Garen entfernt.

Sämtliche Kräuter fein hacken, das Meersalz mit den Eiern, dem Mehl und den gehackten Kräutern vermengen.

Die Keule mit Pfeffer würzen und mit der Meersalzmasse ganz umhüllen. Im vorgeheizten Rohr bei 220 Grad zirka 80 Minuten garen.

In einer Sauteuse das Öl erhitzen, den Kümmel dazugeben und unter ständigem Rühren etwa eine halbe Minute leicht rösten, auf Küchenkrepp schütten und gut abtropfen lassen.

Fertigstellung:
Die Keule aus dem Rohr nehmen, mit dem Sägemesser ringsum aufschneiden. In einer Sauteuse den Kalbsjus zusammen mit dem Kümmel etwas einkochen lassen, durch ein Sieb gießen und mit der Butter binden.

Von der Spanferkelkeule sorgfältig die Haut entfernen (sie ist sehr salzig), den Knochen auslösen und das Fleisch in ein Zentimeter dicke Scheiben schneiden. Die Fleischscheiben auf vorgewärmten Tellern anrichten und mit der Sauce umgießen.

Beilage: Kartoffelrösti oder Kartoffelpuffer.

Pot-au-feu mit Kalbsbries

Zutaten:
Für 4 Personen

Zubereitung:

Gemüseeinlage:
120 g Kartoffeln
120 g Prinzeßbohnen
150 g Karotten
100 g weiße Zwiebeln

Die Kartoffeln und Karotten schälen und olivenförmig tournieren.
Die Bohnen putzen und einmal durchschneiden, die Zwiebeln schälen, vierteln und in einzelne Lagen zerlegen.
Das Gemüse nacheinander in Salzwasser bißfest kochen und durch ein Sieb abgießen.

400 g Kalbsbries
1 kleine Zwiebel
Salz
4 Eier
0,1 l süße Sahne
Salz
Pfeffer aus der Mühle
Muskat

Das Bries 30 Minuten wässern, enthäuten und zusammen mit der Zwiebel blanchieren.

Das Kalbsbries in Stücke schneiden. Eigelb, Sahne und Gewürze schaumig rühren. Das Eiweiß mit etwas Salz zu Schnee schlagen.

Butter für die Förmchen

Die Kalbsbriesstücke in die Eiermasse geben und den Eischnee vorsichtig unterziehen. Soufflèförmchen mit flüssiger Butter ausstreichen, die Kalbsbriesmasse einfüllen und im Wasserbad bei 220 Grad 12 bis 15 Minuten garen.

Sauce-Sud:
0,1 l Weißwein
2 EL Noilly Prat
1 kleine Schalotte
0,5 l Fond blanc
150 g Butter
1 EL Schnittlauch
1 EL Basilikum

Weißwein und Noilly Prat mit der feingewürfelten Schalotte ankochen, Fond blanc zugießen, aufkochen lassen, die kalten Butterstückchen einrühren und mit dem Handrührgerät gut durchschlagen. Die feingeschnittenen Kräuter und das Gemüse zugeben und abschmecken.

Fertigstellung:
Die Sauce und das Gemüse auf vorgewärmte tiefe Teller geben, die Soufflés aus den Förmchen stürzen und darauf anrichten.

Wachtelbrüstchen im Kartoffelmantel mit Rosmarin

Zutaten:
Für 4 Personen

4 Wachteln
Salz
Pfeffer aus der Mühle

Zubereitung:

Die Wachteln ausnehmen, abflämmen, enthäuten, Brüste und Keulen ablösen. Mit Salz und Pfeffer würzen.

Sauce:
einige Geflügelknochen
100 g Butter
1 Zwiebel, geschält
1 Stück Sellerie
1 Zweig Rosmarin
0,1 l Weißwein
0,25 l Geflügelfond
0,25 l Geflügeljus
Salz
Pfeffer aus der Mühle

Die Butter erhitzen, die kleingehackten Geflügelknochen darin langsam bräunen, das in grobe Würfel geschnittene Gemüse und den gezupften Rosmarin dazugeben, mit Weißwein ablöschen, einkochen lassen. Mit Fond und Jus aufgießen und zur gewünschten Konsistenz reduzieren, abschmecken, durch ein Sieb passieren und im Mixer aufschlagen.

Kartoffelmantel:
2–3 große festkochende Kartoffeln (Sieglinde)
Salz
Pfeffer aus der Mühle

Die Kartoffeln schälen und mit der Aufschnittmaschine in papierdünne Scheiben schneiden. Auf einem Tuch zu 8 gleichen Vierecken auslegen, wobei sich die Kartoffelscheiben jeweils um ein Viertel überlappen müssen, sparsam salzen und pfeffern.

1 Eigelb
1 Zweig Rosmarin

Die Kartoffeln mit verquirltem Eigelb bestreichen, je eine Brust und Keule vorsichtig in die Kartoffelmatte einschlagen.

100 g Butter

Fertigstellung:
In einer Pfanne die Butter aufschäumen lassen, den gezupften Rosmarin und die Wachtelbrüstchen bei mittlerer Hitze goldgelb backen. Auf vorgewärmten Tellern anrichten, mit Sauce servieren.

Rebhuhnbrüstchen im Spitzkohlmantel auf Senfkörnersauce

Zutaten:
Für 4 Personen

2 schöne Rebhühner
Salz
Pfeffer aus der Mühle

Senfkörnersauce:
30 g Senfkörner
60 g Schalotten, fein geschnitten
10 g Butter
0,5 l Weißwein
0,25 l Apfelsaft
0,5 l Geflügelfond
1 EL alten Balsamico-Essig
1 EL Himbeeressig
Salz
1 Prise Zucker

4 Spitzkohlblätter
Salz
80 g süße Sahne
Muskat

2 EL Weißwein
0,4 l Consommé
150 g Butter

Zubereitung:

Die jungen Rebhühner ausnehmen, flämmen, die Brüste ablösen und würzen.

Senfkörner waschen. Schalotten in der Butter anschwitzen, mit Weißwein, Apfelsaft, Balsamico- und Himbeeressig ablöschen und den Geflügelfond zugießen.
Zirka 1½ Stunden langsam köcheln lassen, so daß die Flüssigkeit auf ein Drittel reduziert wird. Alles durch ein Sieb gießen.

Von den Spitzkohlblättern den Strunk entfernen. Die Blätter in Salzwasser blanchieren, abgießen, auf einem Tuch trockentupfen, in der Sahne erhitzen und mit Muskat abschmecken.

Fertigstellung:
Weißwein und Consommé in einem Topf auf ein Viertel reduzieren, die Butter darin verkochen und die Senfkörner unterrühren.
Auf einem Tuch die Spitzkohlblätter auslegen, die gewürzten Rebhuhnbrüstchen darin einschlagen, über Dampf auf einem Gitter zirka 6 Minuten garen.

Die Sauce auf vorgewärmte Teller gießen und die Rebhuhnbrüstchen darauf anrichten.

Tranchen (Carpaccio) von Kaninchenkeulen in Schnittlauch-Basilikum-Sauce

Zutaten:
Für 4 Personen

Zubereitung:

Sauce:
1 Schalotte
2 EL Weißwein
0,4 l starken Kaninchenfond oder Fond blanc
150 g Butter
1 EL Schnittlauch
1 EL Basilikum
Salz
Pfeffer aus der Mühle

In einer Sauteuse die feingeschnittene Schalotte und den Weißwein ankochen, mit Kaninchenfond aufgießen und auf ein Drittel einkochen lassen. Die Butter nach und nach unterrühren, kräftig aufschlagen und die feingewiegten Kräuter unterziehen, mit Salz und Pfeffer würzen.

Gemüse-Garnitur:
2 Karotten
1 Zucchino
20 g Butter
Salz

Das Gemüse putzen, in zirka 3 Zentimeter lange Julienne-Streifen schneiden und getrennt in der Butter dünsten, salzen.

Kaninchen:
4 Kaninchenkeulen, ausgelöst und sauber pariert
Salz
Pfeffer aus der Mühle

Das Kaninchenfleisch mit der Aufschnittmaschine in hauchdünne Tranchen schneiden, mit wenig Salz und Pfeffer würzen.

Fertigstellung:
Auf vorgewärmte Teller einen Spiegel von der heißen Sauce gießen, die Kaninchentranchen darauflegen und mit etwas heißer Sauce überziehen.
Die Gemüse-Julienne als Beilage daneben plazieren.

Zickleinleber mit Zwiebelsauce und Gemüserösti

Zutaten:
Für 4 Personen

Zubereitung:

Zwiebelsauce:
250 g weiße Zwiebeln
0,1 l Olivenöl
8 cl Weißwein
4 cl Madeira
0,4 l Kalbsjus
70 g Butter
Salz

Zwiebeln schälen, halbieren und in dünne Scheiben schneiden. Mit einem Teelöffel Mehl bestäuben und durchmischen. Das Öl erhitzen und die Zwiebeln darin goldgelb bräunen, auf Küchenpapier geben und das überschüssige Fett abtropfen lassen. Die Zwiebeln nochmals kurz erhitzen, mit Weißwein und Madeira ablöschen, mit Kalbsjus auffüllen und auf die Hälfte einkochen lassen. Die Butter unterrühren und salzen.

Gemüserösti:
2 Kartoffeln
1 Karotte
50 g Sellerie
4 EL Olivenöl
Salz
Pfeffer aus der Mühle
1 Thymianzweig

Die Gemüse schälen, mit der Aufschnittmaschine in dünne Scheiben und diese wiederum in streichholzgroße Stifte schneiden. Gut abtrocknen.
Die Gemüse salzen und pfeffern. Das Öl in einer Pfanne erhitzen, die Gemüsestreifen hineingeben und auf jeder Seite gut bräunen. Die Rösti sollten etwa 1½ Zentimeter dick sein. Aus der Pfanne nehmen und auf Küchenkrepp abtropfen lassen.

300 g Zickleinleber
50 g Butter
Salz
Pfeffer aus der Mühle
1 Thymianzweig

Die Leber halbieren, putzen und in halb Zentimeter dicke Scheiben schneiden.

Fertigstellung:
Die Butter mit dem Thymian aufschäumen lassen und die Leberscheiben darin von beiden Seiten rasch anbraten. (Sie müssen innen noch rosa sein.) Salzen und pfeffern.

Die Rösti auf vorgewärmten Tellern anrichten, die Zickleinleber danebensetzen und mit der Zwiebelsauce überziehen.

Salmi vom Lamm in Sauerampfersauce

Zutaten:	Zubereitung:
Für 4 Personen	
Sauerampfersauce:	
40 g Butter *1 Schalotte* *4 EL Weißwein* *4 EL Noilly Prat* *0,1 l Lammfond* *5 EL Sahne* *60 g Butter* *40 g Sauerampferblätter* *Salz* *Pfeffer aus der Mühle*	Die Butter erhitzen und die feingeschnittene und gewaschene Schalotte darin anschwitzen, mit Weißwein und Noilly Prat ablöschen, den Lammfond dazugeben und einkochen lassen. Die Sahne zugießen und durch ein feines Sieb passieren.
Salmi vom Lamm:	
400 g Lammfilet *Salz* *20 g Butter* *1 Schalotte* *1 kleine Karotte* *1 Stück Staudensellerie*	Die Butter in einem Topf schmelzen, die geputzten und in grobe Würfel geschnittenen Gemüse anschwitzen. Das Lammfilet salzen, rasch anziehen lassen und auf die Gemüse setzen.
0,1 l Weißwein *1 Lorbeerblatt* *5 Pfefferkörner* *0,3 l Lammfond*	Mit dem Weißwein ablöschen, Lorbeerblatt und Pfefferkörner zugeben und mit dem Lammfond aufgießen. 5 bis 6 Minuten köcheln lassen, das Fleisch sollte noch rosa sein. Das Lammfilet herausnehmen und auf ein Gitter setzen.
	Fertigstellung: Die Sauce nochmals aufkochen, 60 Gramm Butterstückchen untermontieren, abschmecken und den Sauerampfer zugeben. Die Sauce auf vier Teller gießen, das Lammfilet in Scheiben schneiden und darauf anrichten.

Crêpinettes vom Lammrücken

Zutaten: *Für 4 Personen*	Zubereitung:
Crêpinetten: *100 g Kalbsbries, 1 Scheibe Weißbrot ohne Rinde in Sahne eingeweicht, 1 Ei, 1 EL Kalbsfond, 3 EL Crème double, 50 g Champignons, Salz, Pfeffer aus der Mühle, 1 EL Butter, 1 EL gehackte Petersilie*	Kalbsbries wässern, enthäuten und in Salzwasser blanchieren. Durch die feine Scheibe des Fleischwolfs drehen und auf Eis stellen. Das eingeweichte Weißbrot durch ein Sieb streichen, mit Ei, Kalbsfond und Crème double verrühren. Champignons putzen, in grobe Stücke schneiden und in der Butter anschwitzen. Kalbsbries, Brötchenmasse und Pilze gut miteinander vermischen, die Petersilie dazugeben und mit Salz und Pfeffer würzen.
1 Schweinenetz, 1 Handvoll Spinatblätter	Das Schweinenetz auf einem Tuch ausbreiten, die Spinatblätter blanchieren, trockentupfen und auf dem Netz damit vier Rechtecke von 8 x 8 Zentimeter auslegen. Die Farce etwa einen Zentimeter dick darauf ausstreichen.
400 g Lammrücken, ohne Knochen, pariert, Salz, Pfeffer aus der Mühle, Öl zum Anbraten	Das Lammfleisch in 4 gleich große Stücke schneiden, mit Salz und Pfeffer würzen, auf die Farce legen und in die Spinatblätter und das Schweinenetz einwickeln. In einer Sauteuse Öl erhitzen, die Crêpinettes von beiden Seiten anbraten und im vorgeheizten Rohr bei 220 Grad 10 Minuten garen.
0,2 l Lammjus, 20 g Butter	**Fertigstellung:** Die Butter unter den erhitzten Lammjus ziehen, auf vorgewärmte Teller verteilen. Crêpinettes in Scheiben schneiden und darauf anrichten.
Beilage:	Hausgemachte Nudeln

Perlhuhn im Topf

Zutaten:	Zubereitung:
Für 4 Personen	
Salzteig:	
200 g Salz *200 g Mehl* *1 Ei* *0,1 l Wasser*	Alle Zutaten zu einem glatten Teig verkneten und zirka eine Stunde im Kühlschrank ruhen lassen. Zirka 1½ Zentimeter dick ausrollen.
1 Perlhuhn *Salz* *Pfeffer aus der Mühle* *Öl zum Anbraten*	Perlhuhn ausnehmen, waschen, abtrocknen, innen und außen mit Salz und Pfeffer würzen. In einer großen Kasserolle (mit Deckel) das Öl erhitzen und das Perlhuhn von allen Seiten gut anbraten.
1 EL Butter *80 g Lauch* *80 g Sellerie* *80 g Karotten*	Gemüse putzen. Die Butter in einer Sauteuse erhitzen, Gemüse darin anschwenken, Rosmarin und Thymian untermischen. Das Gemüse über das Perlhuhn streuen, mit Weißwein ablöschen, mit Geflügeljus auffüllen. Nun den Deckel aufsetzen und mit dem Salzteig luftdicht verschließen.
1 TL Rosmarin *1 TL Thymian*	Im Rohr bei 220 Grad zirka 25 Minuten garen.
0,1 l Weißwein *0,5 l braunen Geflügeljus*	**Fertigstellung:** Das Perlhuhn im geschlossenen Topf zu Tisch bringen. Den Teig aufschneiden, Deckel abheben, Gemüse abstreifen und die Perlhuhnbrüste in Scheiben schneiden. Die Sauce durch ein Sieb schütten. Perlhuhnbrustscheiben auf Teller anrichten, Gemüse darauf plazieren, mit Sauce umgießen.

Lammrücken mit Kräutern im Strudelteig

Zutaten:
Für 4 Personen

Zubereitung:

500 g Lammrücken
2 EL Olivenöl
Salz
Pfeffer aus der Mühle

Den Lammrücken auslösen, parieren, mit Salz und Pfeffer würzen und in heißem Olivenöl von allen Seiten gut anbraten.

1 EL Petersilie
1 EL Kerbel
1 EL Basilikum
½ TL Thymian

Die feingehackten Kräuter gut miteinander vermischen, auf einen Teller geben und den angebratenen Lammrücken darin wälzen.

Strudelteig:
250 g Mehl
1 Ei
2 EL Öl
etwas Wasser
Salz

Alle Zutaten zu einem glatten Teig verkneten und zugedeckt etwas ruhen lassen.

2 mittelgroße Auberginen
400 g Tomaten
Salz
Pfeffer aus der Mühle
1 EL Olivenöl

Die Auberginen mit der Schale längs in halb Zentimeter dicke Scheiben schneiden. Die Tomaten enthäuten, entkernen und in Würfelchen schneiden. Mit Salz und Pfeffer würzen.
Das Olivenöl erhitzen und die Auberginenscheiben kurz darin anbraten, würzen, aus der Pfanne nehmen und mit Küchenpapier abtupfen.
Den Strudelteig hauchdünn ausziehen, mit den Auberginenscheiben darauf ein Rechteck auslegen, die Tomatenwürfelchen darüber verteilen, den Lammrücken daraufsetzen und mit dem Strudelteig einschlagen.
Im vorgeheizten Rohr bei 220 Grad zirka 8 bis 10 Minuten backen.

Sauce:
0,3 l brauner Lammfond
1 Thymianzweig
50 g Butter

Den Thymianzweig zum Lammfond geben und auf die Hälfte reduzieren, abpassieren und mit der Butter aufmontieren.

Fertigstellung:
Den Lammrücken in zirka 1½ Zentimeter dicke Scheiben schneiden und auf vorgewärmten Tellern anrichten, mit der Sauce umgießen.

Lammrückenscheiben in Pistou

Zutaten:
Für 4 Personen

400 g Lammrückenfilet
30 g Butter
1 kleinen Thymianzweig
Salz
Pfeffer aus der Mühle

150 g Kenia-Bohnen
Salz

Sauce:
0,3 l Lammjus
100 g Butter
1 TL gehackten Kerbel
1 TL gehackte Petersilie
½ TL gehacktes Basilikum
½ TL Thymian
¼ Knoblauchzehe
Salz
Pfeffer aus der Mühle
50 g Butter

Zubereitung:

Das Lammrückenfilet in Scheiben schneiden und würzen.

Die Bohnen putzen, in sprudelndes Salzwasser geben und bißfest kochen.

Die gehackten Kräuter und den Knoblauch mit der Butter im Mixer pürieren, den Lammjus erhitzen, dazugeben und nochmals gut durchmixen, abschmecken.

Fertigstellung:
In einer Sauteuse die Butter aufschäumen lassen, den Thymianzweig dazugeben und die Lammscheiben auf beiden Seiten kurz anziehen lassen.

Auf vorgewärmten Tellern anrichten und mit der Sauce überziehen.

Beilage: Gratinierte Kartoffeln mit Origano.

Rehmedaillons in Holundersauce

Zutaten:
Für 4 Personen

Zubereitung:

Holundersauce:
2 Schalotten
1 EL Olivenöl
1 Karotte
1 Stück Lauch
5 Pfefferkörner
5 EL roten Portwein
0,1 l Rotwein
0,6 l braunen Wildfond
150 g Holunderbeeren, gezupft
Salz

In einem Topf das Olivenöl erhitzen, die feingewürfelten Schalotten darin anschwitzen, das zerkleinerte Gemüse und die Pfefferkörner dazugeben und mit Portwein ablöschen. Den Rotwein, Wildfond und die Holunderbeeren zugeben und zur Hälfte einkochen lassen.

100 g Butter

Die Sauce durch ein Sieb gießen, mit der Butter im Mixer aufschlagen und abschmecken.

500 g Rehrücken, ausgelöst
Salz
Pfeffer aus der Mühle
2 EL Olivenöl

Den Rehrücken würzen.
In einer Pfanne das Olivenöl erhitzen, das Fleisch darin von allen Seiten rasch anbraten. Den Rehrücken ins vorgeheizte Rohr schieben und bei 220 Grad garen. Das Fleisch sollte schön rosa werden. Herausnehmen und am Herdrand noch 3 Minuten ruhen lassen.

Fertigstellung:
Den Rehrücken in 2 Zentimeter dicke Scheiben schneiden, auf Tellern anrichten und mit der Holundersauce umgießen.

Pochiertes Rehfilet mit Pilzen

Zutaten:
Für 4 Personen

500 g Rehfilet
1 Karotte
50 g Sellerie
1 Schalotte
1 kleine Stange Lauch
0,4 l Kalbsfond
2 EL Olivenöl
5 EL Madeira
1 Zweig Thymian
1 Lorbeerblatt
5 Pfefferkörner
Salz

Zubereitung:

Das Öl erhitzen und die gewaschenen und in grobe Stücke geschnittenen Gemüse darin anschwitzen. Das Rehfilet salzen und darin rasch anziehen lassen.

Mit Madeira ablöschen und mit Kalbsfond aufgießen. Die Gewürze dazugeben. Das Rehfilet darin 5 bis 6 Minuten garen, es soll noch rosa sein. Das Fleisch herausnehmen und auf ein Gitter setzen.

50 g Butter

Den Fond durch ein feines Sieb passieren und zur Hälfte einkochen lassen. Kalte Butterstückchen einrühren und im Mixer aufschlagen.

200 g Pfifferlinge
30 g Butter
Salz

Die Pfifferlinge putzen und in der Butter rasch ansautieren, salzen.

Fertigstellung:
Die Sauce auf vorgewärmte Teller geben, das Rehfilet in Scheiben schneiden, daraufsetzen und die Pfifferlinge daneben anrichten.

Rinderfilet in Rotwein

Zutaten:
Für 4 Personen

4 Scheiben Rinderfilet à 140 g
0,5 l Rotwein
1 Thymianzweig
1 Rosmarinzweig
1 Lorbeerblatt
5 Pfefferkörner, Salz
1 Karotte
1 kleines Stück Staudensellerie
½ kleine Zwiebel

Zubereitung:

Das Gemüse putzen, zerkleinern und zusammen mit dem Rotwein und dem Salz in einem Topf aufkochen, die Kräuter und den Pfeffer dazugeben.

Gemüse:
15 Frühlingszwiebeln
12 junge Karotten
1 kleinen Zucchino

Das Gemüse putzen, Karotten und Zucchino tournieren und getrennt in Salzwasser knackig kochen.

Sauce:
0,5 l Rotwein
0,1 l Portwein
4 Schalotten
150 g Butter
0,25 l Kalbsfond
Salz

In einem Topf Rotwein, Portwein und die geschnittenen Schalotten aufkochen, auf ein Drittel reduzieren, etwas abkühlen lassen und nach und nach die Butter einrühren. Durch ein Sieb gießen, den erwärmten Fond dazugeben und eventuell noch etwas salzen.

Fertigstellung:
Den Rotwein-Kräuter-Sud aufkochen und die Rinderfilet-Tranchen hineinlegen, zirka 8 Minuten darin ziehen lassen. Das Ganze sollte nicht mehr kochen.

Auf vorgewärmte Teller einen Saucen-Spiegel gießen, die Filets halbieren, darauflegen und außen herum das tournierte Gemüse plazieren.

Schneehuhnbrüstchen mit Wirsing und Gänseleber

Zutaten:
Für 4 Personen

4 Schneehühner (Ostblock oder Norwegen)
Salz
2 EL Olivenöl
4 Scheiben grünen Speck
2 Thymianzweige
6 zerdrückte Wacholderbeeren
Pfeffer aus der Mühle

Wirsing:
½ Wirsingkopf
3 Scheiben durchwachsenen Speck
5 EL süße Sahne
Salz
Pfeffer aus der Mühle
Muskat

100 g Gänseleber
Salz
Pfeffer aus der Mühle
1 TL Öl

Sauce:
0,1 l brauner Geflügelfond
50 g Butter

Zubereitung:

Von den Schneehühnern die Brüste ablösen, salzen und in heißem Olivenöl rasch von beiden Seiten anbraten.
Den grünen Speck in 15 x 15 Zentimeter große Quadrate schneiden, auslegen, je 2 Hühnerbrüstchen daraufsetzen, die Gewürze darüber verteilen und die Brüstchen einwickeln.

Die Strünke vom Wirsing entfernen, die Blätter in zirka 3 × 3 Zentimeter große Quadrate schneiden, in kochendem Salzwasser blanchieren, in Eiswasser abschrecken, durch ein Sieb gießen und auf einem Tuch auslegen. Den Speck fein würfeln, kurz blanchieren, das Wasser abgießen. Die Speckwürfelchen kurz ansautieren, die Sahne zugeben, zur Hälfte einkochen lassen. Den Wirsing dazugeben und gut abschmecken.

Die Gänseleber in kleine Würfel schneiden, wenig würzen und in heißem Öl sehr rasch schwenken. Die Leber soll innen noch rosa sein.

Fertigstellung:
Die Schneehuhnbrüste im vorgeheizten Rohr in einer Sauteuse zirka 15 Minuten bei 200 Grad garen, herausnehmen.
Den Geflügelfond aufkochen und mit der Butter im Mixer aufschlagen.
Den Wirsing auf vorgewärmten Tellern anrichten, die Schneehuhnbrüste aus dem Speck heben, die Gewürze abstreifen. Die Brüstchen in Scheiben schneiden, auf den Wirsing setzen und mit der Sauce nappieren.

Wachtelbrüstchen mit Trauben

Zutaten:
Für 4 Personen

Wachtelbrüstchen:
8 große Wachteln
Salz
2 Weinblätter, frisch abgekocht oder aus dem Glas
100 g kernlose Trauben
4 cl Muskateller (Weißwein)
40 g Butter
80 g Wachtelleber

Sauce:
4 cl Madeira
0,1 l Muskateller (Weißwein)
0,15 l braunen Geflügelfond
60 g Butter

Zubereitung:

Die Wachteln ausnehmen, abflämmen und salzen.
Die Weinblätter in feine Julienne-Streifen schneiden.
Die Trauben in 4 cl Muskateller erhitzen.

Madeira und Weißwein kurz ankochen, den Geflügelfond zugeben und auf die Hälfte reduzieren. Abschmecken und mit der kalten Butter binden.

Fertigstellung:
Die Wachteln bei 220 Grad im Ofen mit 40 Gramm Butter zirka 8 Minuten braten. Brüstchen und Keulen von den Karkassen lösen. In einer heißen Pfanne ohne Fett die gewürfelte Wachtelleber kurz ansautieren. Die Weintrauben und Weinblätter in der Sauce kurz durchziehen lassen.
Die Wachtelbrüste auf vorgewärmten Tellern anrichten, die Wachtelleber darüber verteilen und das Gericht mit der Sauce überziehen.

Als Beilage eignen sich Wirsing und Schwarzwurzeln.

Taube mit Granatapfel auf Blattspinat

Zutaten:
Für 4 Personen

Zubereitung:

4 Tauben à 500–600 g
4 EL Olivenöl
Salz

Tauben ausnehmen, abflämmen, würzen und in Form binden. Im vorgeheizten Rohr im heißen Olivenöl bei 220 Grad 7 Minuten garen, herausnehmen und ruhen lassen.

Sauce:
0,4 l Beaujolais
0,125 l roten Portwein
4–5 Schalotten
140 g Butter
Salz
1 Granatapfel

Rotwein, Portwein und feingeschnittene Schalotten aufkochen, auf ein Minimum reduzieren, bis die Masse geleeartig ist, zur Seite stellen.
Wieder erwärmen und mit einem Eßlöffel Rotwein lösen, Butter einmontieren, salzen und den Saft vom Granatapfel dazugeben.

Spinat:
180 g Spinat ohne Stengel
20 g Butter
Salz
Pfeffer aus der Mühle

Den Spinat waschen, abtropfen lassen und mit der Butter zugedeckt weich dünsten, würzen, auf ein Sieb geben, gut abtropfen lassen und etwas ausdrücken.

Fertigstellung:
Die Tauben 4 Minuten bei starker Hitze ins Rohr geben, herausnehmen, enthäuten, die Brüste und Keulen abtrennen.

Garnitur:
Kerne von 1 Granatapfel
etwas Kerbel
Papiermanschette

Den Spinat auf Teller verteilen, die Taubenbrüste und -schenkel dekorativ darauf anrichten und mit der Sauce überziehen. Mit Granatapfelkernen, Kerbel und Papiermanschette garnieren.

Gefüllte Wachteln

Zutaten:
Für 4 Personen

4 Wachteln
80 g Weißbrotwürfel
70 g Geflügelleber
60 g Apfel

2 TL Butter
etwas Petersilie
etwas Thymian
Salz
Pfeffer aus der Mühle
Muskat

Zubereitung:

Die Wachteln ausnehmen, abflämmen, vom Rücken her auslösen und salzen. Weißbrot, Geflügelleber und Apfel in kleine Würfel schneiden.

Die Hälfte der Weißbrotwürfel in einem Teelöffel Butter anrösten, getrennt in einer Sauteuse den Rest der Butter mit der Geflügelleber und dem Apfel ebenfalls ansautieren.

In einer Schüssel alle Zutaten gut miteinander vermischen und mit den Gewürzen abschmecken.

Die Wachteln mit der Farce füllen und in die ursprüngliche Form drücken.

Wirsing:
800 g Wirsing
Salz
30 g geräucherter Speck
1 kleine Zwiebel
1 Knoblauchzehe
Pfeffer aus der Mühle
Muskat
Majoran
6 EL Sahne
gehackte Petersilie

Vom Wirsing den Strunk herausschneiden, die Blätter einzeln waschen und im kochenden Salzwasser kurz blanchieren, das Wasser abschütten und die Blätter in Eiswasser tauchen, durch ein Sieb gießen und gut abtropfen lassen.
In einer Sauteuse den kleingewürfelten Speck, die Zwiebel und den Knoblauch kurz anschwitzen lassen. Die Wirsingblätter dazugeben, würzen und zirka 20 Minuten zugedeckt weich dünsten. Alles in den Mixer geben und pürieren, nochmals kurz erhitzen, die Sahne unterziehen und die Petersilie dazugeben.

Öl zum Braten

Fertigstellung:
Das Öl in einer Pfanne erhitzen, die Wachteln hineingeben und im vorgeheizten Rohr zirka 14 Minuten bei 250 Grad braten, herausnehmen. Den Wirsing auf vorgewärmte Teller verteilen und mit je einer Wachtel servieren.

Entenleber auf Weinblättern mit Trauben

Zutaten:	Zubereitung:
Für 4 Personen	
250 g Entenstopfleber *Salz* *Muskatblüte*	Die Entenstopfleber in Scheiben schneiden, die Adern entfernen.
80 g kleine, kernlose Trauben *2 EL Muskateller*	Die Trauben mit dem Weißwein leicht erhitzen.
4 Weinblätter	In einem Topf Wasser zum Kochen bringen, die Weinblätter kurz darin eintauchen.
Sauce: *0,1 l brauner Geflügelfond* *2 EL Madeira* *2 EL Butter*	Madeira und Geflügelfond auf die Hälfte reduzieren, mit Butter im Mixer aufschlagen.

Fertigstellung:
In einer Pfanne ohne Öl die Leberscheiben braten.
Auf jeden der Teller ein Weinblatt legen, die Leberscheiben daraufsetzen, Weintrauben darüber verteilen und mit etwas Sauce umgießen.

Wildtaube souffliert mit Petersilienmousse

Zutaten:
Für 4 Personen

2 Wildtauben
à 500–550 g

Zubereitung:

Die Tauben auslösen, die Brüste parieren, aus den Keulen die Oberschenkelknochen auslösen und die Haut abziehen.

Petersilienpüree:
80 g gezupfte Petersilie
20 g Crème double
2 EL Sahne, 1 EL Butter
Salz, Pfeffer aus der Mühle
Muskat

Die Petersilie waschen, in Salzwasser kurz blanchieren, abseihen und durch die feine Scheibe des Fleischwolfs drehen. In einer Sauteuse die Petersilie und die restlichen Zutaten erhitzen, gut abschmecken und im Mixer pürieren.

80 g Poulardenfleisch
1 Ei
40 g Petersilienpüree
25 g Champignons
1 TL gehackte Petersilie
1 TL gehackten Kerbel

Das Poulardenfleisch sauber parieren, kleinschneiden, salzen, kalt stellen und im vorgekühlten Cutter (Moulinex) mit dem Ei und einem Teelöffel Crème double zerkleinern. Die Fleischmasse in eine geeiste Schüssel geben, die Crème double bis auf 2 Eßlöffel langsam unterrühren und das Petersilienpüree dazugeben.
Die Champignons in streichholzkopfgroße Würfel schneiden und in etwas Butter rasch ansautieren, auf Küchenkrepp abtropfen lassen, ausdrücken und zusammen mit der gehackten Petersilie und dem Kerbel zur Farce geben.

30 g Nußbutter
1 EL Croûtons
1 TL Semmelbrösel
Salz
Pfeffer aus der Mühle
Muskat
etwas Zitronensaft

Die Nußbutter (langsam erhitzte Butter, bis sie einen nußigen Geschmack bekommt) abkühlen lassen, nach und nach unter die Farce rühren. Die restlichen 2 Eßlöffel Crème double, die Semmelbrösel und zum Schluß die Croûtons (ebenfalls streichholzgroß gewürfelt) unterrühren.

Fertigstellung:
Die Taubenbrüste mit Salz und Pfeffer würzen, auf gebutterte Alufolie setzen, die Farce spitz zulaufend zirka 3 cm hoch aufstreichen, bei 250 Grad etwa 7 Minuten in das vorgeheizte Backrohr schieben, die Taubenkeulen nebenher in etwas Butter garen.

Garnitur:
etwas brauner Geflügeljus
1 TL Butter

Den Geflügeljus in einer kleinen Sauteuse erhitzen und mit der Butter verfeinern. Die Taubenbrüste aus dem Backrohr nehmen, auf Tellern anrichten, je eine Keule daneben plazieren und mit dem Jus umgießen.

Vegetarische Gerichte und Beilagen

Steinpilze auf Kastanienblättern

Zutaten: *Für 4 Personen*	Zubereitung:
500 g feste, kleine Steinpilze *50 g Butter* *Salz* *Pfeffer aus der Mühle*	Die Pilze putzen, in einer Sauteuse Butter erhitzen und die Pilze darin rasch ansautieren. Würzen.
50 g Speck	Den Speck in feine Würfel schneiden und kurz anbraten.
	Fertigstellung:
4 Kastanienblätter *1 TL weißes Trüffelöl*	Kastanienblätter auf Teller legen, die Steinpilze darauf anrichten, den Speck darüber verteilen und mit dem Trüffelöl beträufeln.

Preiselbeerküchle

Zutaten:
Für 4 Personen

120 g Preiselbeeren
1 EL Zucker

2 Eier
60 g Mehl
5 EL Milch
1 EL Sahne
1 TL braune Butter
Salz

Butter zum Backen

Zubereitung:

Preiselbeeren verlesen, mit dem Zucker vermischen und einen Tag ziehen lassen.

Eigelb, Milch, Mehl, Sahne und Salz zu einem glatten Teig verrühren, die Butter unterziehen.

Eiweiß cremig schlagen und unter den Teig heben.

Bei Zimmertemperatur zirka 15 Minuten stehenlassen.

Fertigstellung:
Die Beeren unter den Teig heben. Eine Teflon-Pfanne erhitzen, die Butter darin zergehen lassen und mit einem Eßlöffel kleine Teighäufchen hineingeben und Küchlein backen.

Gemüse-Tarte

Zutaten:
Für 4 Personen

Zubereitung:

Crêpeteig:
80 g Mehl
2 Eier
0,1 l Sahne
0,1 l Milch
Salz
30 g gebräunte Butter
Butter zum Backen

Mehl, Eier, Sahne, Milch und Salz glattrühren, die Butter bräunen und lauwarm dazugeben. Aus diesem Teig in einer Teflon-Pfanne dünne Crêpes backen (8 bis 10 Stück).

Füllung:
2 mittelgroße Karotten
1 kleine Aubergine
2 Tomaten, enthäutet, entkernt
1 TL Distelöl

Die Karotten schälen, in kleine Würfel schneiden, in Salzwasser garen. Die Aubergine würfeln, in heißer Pfanne mit wenig Öl rasch anbraten.

350 g Pfifferlinge
1 EL Distelöl
Salz

Die Pilze putzen, kleinschneiden, in heißem Öl rasch ansautieren und salzen.

Guß:
120 g Butter
3 Eigelb
1 EL Schnittlauch
1 EL Petersilie
1 TL Thymian
Salz
Pfeffer aus der Mühle

Die Butter leicht erwärmen und mit dem Eigelb schaumig rühren, die feingeschnittenen Kräuter dazugeben und mit Salz und Pfeffer abschmecken.

Fertigstellung:
Eine feuerfeste Form mit Butter ausstreichen, den ersten Crêpe einlegen und nun schichtweise das Gemüse und die Pfifferlinge zwischen den Crêpes verteilen, die Butter-Kräuter-Masse darüberstreichen, mit einem Crêpe abschließen.

Die Gemüse-Tarte zirka 20 Minuten bei 160 bis 180 Grad im Rohr backen.
Vor dem Servieren in vier Stücke schneiden.

Ziegenfrischkäse mit weißem Trüffelöl und Kräutern

Zutaten:	Zubereitung:
Für 4 Personen	
2 Chabi à 160 g (Ziegenfrischkäse)	Den Chabi in jeweils zwölf Scheiben schneiden und in ein kleines Porzellangefäß legen.
1 Bund Basilikum *1 Zweig Thymian* *1 Zweig Rosmarin* *1 Bund Petersilie* *Saft von 1 Zitrone*	Die Kräuter von den Stielen zupfen und fein hacken.
0,1 l Mazola Keimöl *40 g Dalsce Olivenöl* *40 g weißes Trüffelöl* *Salz* *Pfeffer aus der Mühle*	In einer Schüssel die verschiedenen Öle miteinander vermengen und die gehackten Kräuter hinzufügen, mit Zitrone und Gewürzen kräftig abschmecken und über den Ziegenfrischkäse geben. 24 Stunden ziehen lassen.

Olivenbrot

Zutaten:
Für 4 Personen

500 g Weizenmehl
40 g Hefe
2 EL kaltgepreßtes Olivenöl
Salz
0,25 l lauwarmes Wasser

120 g entsteinte, grüne Oliven (aus Mallorca, wegen des feinen nußigen Geschmacks)
1 EL Brennesselblätter
1 EL Dillspitzen
1 EL Melissenblätter
1 EL frischer Majoran

2 EL kaltgepreßtes Olivenöl

Zubereitung:

Das Mehl in eine Schüssel geben, in die Mitte eine Vertiefung drücken.
Die Hefe zerbröckeln, in einer kleinen Schüssel mit etwas Wasser verrühren und in die Mehlvertiefung geben. Olivenöl, Salz und das restliche lauwarme Wasser dazugeben und einen geschmeidigen Teig kneten. Zudecken und an einem warmen Ort gehen lassen. Den Teig nochmals kräftig kneten und zugedeckt aufgehen lassen.

Die Oliven mit den feingehackten Kräutern gut vermengen und zur Seite stellen.

Fertigstellung:
Die marinierten Oliven zugeben, auf einer bemehlten Fläche den Teig nochmals gut durcharbeiten und daraus zwei Wecken formen. Auf das mit Olivenöl bestrichene Blech legen, mit Olivenöl bepinseln, nochmals aufgehen lassen und im vorgeheizten Rohr bei 200 Grad backen.

Mit Salat servieren.

Kartoffel-Origano-Gratin

Zutaten:
Für 4 Personen

450 g Kartoffeln
etwas Butter
1 Knoblauchzehe, geschält
½ TL Origano
6 Blatt frischen Salbei
Salz
Pfeffer aus der Mühle
0,5 l Sahne

Zubereitung:

Die Kartoffeln waschen, schälen und in dünne Scheiben schneiden.
Eine flache Gratinform ausbuttern und mit der Knoblauchzehe ausreiben. Die Kartoffeln hineinschichten, mit Salz und Pfeffer würzen, Origano und feingeschnittenen Salbei darüberstreuen.
Die Sahne aufkochen und darübergießen.

Fertigstellung:
Das Gratin im Wasserbad im vorgeheizten Rohr bei 220 Grad zirka eine Stunde garen.
Aus dem Ofen nehmen, etwas nachziehen lassen, die überschüssige Sahne abgießen und unmittelbar vor dem Anrichten nochmals kurz im Backofen erhitzen.

Gorgonzola-Rösti mit Feigen

Zutaten:
Für 4 Personen

2 Kartoffeln
Salz
Pfeffer aus der Mühle
1 EL Olivenöl

120 g Gorgonzola
60 g Butter

2 frische Feigen

Zubereitung:

Rohe Kartoffeln schälen, in streichholzförmige Streifen schneiden, abtrocknen und würzen.
In einer kleinen Teflon-Pfanne das Öl erhitzen, die Kartoffeln einschichten und goldgelb backen.

Den Käse und die Butter zusammen durch ein feines Sieb streichen.

Die Feigen schälen und aufschneiden.

Fertigstellung:
Die Kartoffel-Rösti auf vorgewärmte Teller setzen, den Gorgonzola darüberstreuen und mit den Feigen umlegen.

Brunnenkresse-Gnocchi

Zutaten:
Für 4 Personen

1 l Milch
120 g Butter
220 g Grieß
2 Eigelb
Salz
1 Bund Brunnenkresse
zirka 100 g gezupft

1 EL geriebener Parmesan
20 g Butter

Zubereitung:

In einem Topf die Milch und Butter aufkochen lassen, den Grieß langsam einrühren und auf kleinster Hitze noch einige Minuten rösten, etwas abkühlen lassen, Eigelb und Gewürze einrühren und 2 Eßlöffel feingeschnittene Brunnenkresseblätter untermischen.

Diese Masse auf ein Brett zirka 2½ Zentimeter dick ausstreichen, Halbmonde ausstechen, auf ein Blech setzen und im vorgeheizten Rohr bei 220 Grad bräunen lassen.

Die Butter schmelzen, die restlichen Brunnenkresseblätter kurz darin schwenken und über die Gnocchi gießen.
Mit Parmesan bestreut servieren.

Blini aus Kichererbsenmehl

Zutaten:
zirka 20 Stück

2 EL Weizenmehl
15 g Hefe
0,25 l Milch
200 g Kichererbsenmehl
(aus dem Reformhaus)
50 g Butter
Salz
2 EL geschlagene Sahne
3 Eigelb
3 Eiweiß
1 TL frischer Majoran

Öl zum Backen

Zubereitung:

Die Hefe mit etwas Milch verrühren und mit den 2 Eßlöffel Weizenmehl mischen, 10 Minuten bei Zimmertemperatur gehen lassen. Das Kichererbsenmehl, die zerlassene Butter, Eigelb, Salz und die lauwarme Milch dazugeben. Das Eiweiß zu Schnee schlagen, mit der geschlagenen Sahne vermischen und unter den Teig rühren.
Nochmals 20 Minuten gehen lassen.

Fertigstellung:
Die Eisenpfanne erhitzen, etwas Öl hineingeben und mit einem Eßlöffel kleine Portionen von dem Teig hineingeben. Die Blini ganz dünn backen. Sofort servieren.

Gebackene Zucchiniblüten

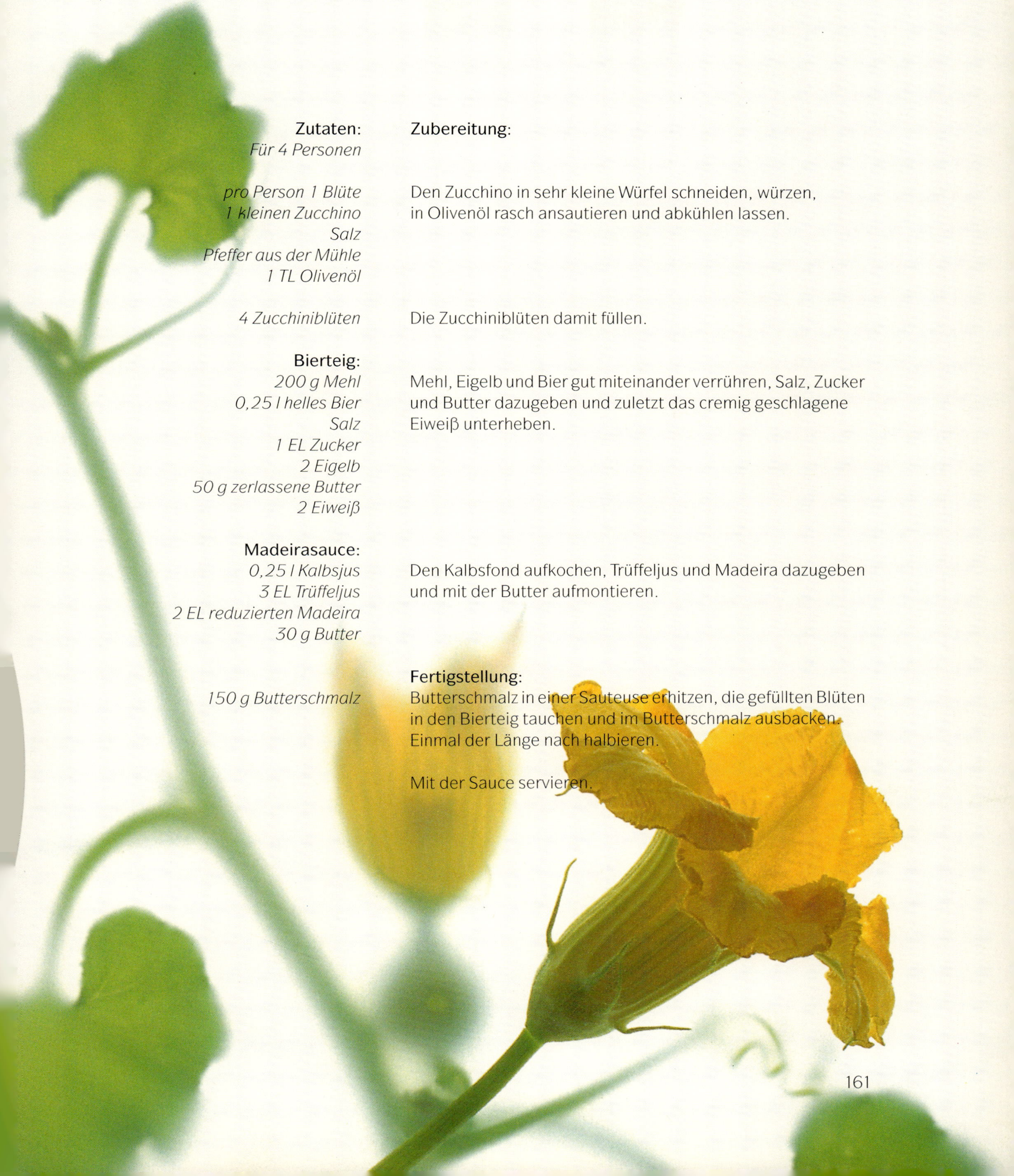

Zutaten:	Zubereitung:
Für 4 Personen	
pro Person 1 Blüte *1 kleinen Zucchino* *Salz* *Pfeffer aus der Mühle* *1 TL Olivenöl*	Den Zucchino in sehr kleine Würfel schneiden, würzen, in Olivenöl rasch ansautieren und abkühlen lassen.
4 Zucchiniblüten	Die Zucchiniblüten damit füllen.
Bierteig: *200 g Mehl* *0,25 l helles Bier* *Salz* *1 EL Zucker* *2 Eigelb* *50 g zerlassene Butter* *2 Eiweiß*	Mehl, Eigelb und Bier gut miteinander verrühren, Salz, Zucker und Butter dazugeben und zuletzt das cremig geschlagene Eiweiß unterheben.
Madeirasauce: *0,25 l Kalbsjus* *3 EL Trüffeljus* *2 EL reduzierten Madeira* *30 g Butter*	Den Kalbsfond aufkochen, Trüffeljus und Madeira dazugeben und mit der Butter aufmontieren.
150 g Butterschmalz	**Fertigstellung:** Butterschmalz in einer Sauteuse erhitzen, die gefüllten Blüten in den Bierteig tauchen und im Butterschmalz ausbacken. Einmal der Länge nach halbieren. Mit der Sauce servieren.

Kartoffelnockerl mit Kaviar und Schnittlauch

Zutaten:	Zubereitung:
Für 6 Personen	
450 g mehlige Kartoffeln *40 g Grieß* *3 Eigelb* *Salz* *Pfeffer aus der Mühle* *Muskat*	Kartoffeln schälen, kochen und grob zerkleinert im heißen Rohr ausdämpfen lassen. Durch eine Kartoffelpresse drücken und mit allen Zutaten vermischen.
2 EL Kaviar *2 EL feingeschnittenen Schnittlauch*	In einem Topf Salzwasser zum Kochen bringen, von der Kartoffelmasse Nocken ausstechen und im Wasser gar kochen. Wenn die Nocken an die Oberfläche kommen, sind sie fertig. Aus dem Wasser nehmen und vor dem Anrichten in Kaviar und Schnittlauch schwenken.

Blumenkohlküchlein

Zutaten:
Für 4 Personen

1 kleiner Blumenkohl
Salz
einige Korianderkörner

4 EL feingehackte Kräuter (Kerbel, Petersilie, Minze, Schnittlauch)
2 Eier
1 EL Mehl
Salz
Pfeffer aus der Mühle
Muskat

Olivenöl zum Ausbacken

Zubereitung:

Den Blumenkohl in Röschen zerteilen und in sprudelndes Salzwasser geben, zusammen mit dem Koriander weich kochen. Abgießen, Koriander herausnehmen, gut abtropfen und auskühlen lassen.

Die feingehackten Kräuter, Eier und das Mehl gut verquirlen, würzen und die mit der Gabel zerdrückten Blumenkohlröschen daruntermischen.

Fertigstellung:
In einer heißen Teflon-Pfanne Öl erhitzen, mit einem Eßlöffel kleine Portionen Teig hineingeben, etwas flachdrücken und von beiden Seiten hellbraun backen.

Sesam-Kartoffelküchlein

Zutaten:	Zubereitung:
Für 4 Personen	
500 g mehlig kochende Kartoffeln *2 Eier* *Salz* *Pfeffer aus der Mühle* *Muskat*	Kartoffeln schälen, kochen, grob zerkleinern, ausdämpfen lassen, durch die Kartoffelpresse drücken und mit den Eiern und den Gewürzen gut vermischen.
100 g Pfifferlinge *100 g Sesam* *1 EL süße Sahne*	Die Pfifferlinge putzen, fein schneiden, mit einem Eßlöffel Wasser kurz dünsten, auf Küchenpapier trockentupfen, abkühlen lassen, mit dem Sesam und der Schlagsahne zu der Kartoffelmasse geben und gut miteinander vermischen.
Mehl zum Ausrollen	Aus dieser Masse Rollen formen, dabei das Brett leicht bemehlen, damit der Teig nicht anklebt.
Öl zum Backen	Die Rolle in 1½ Zentimeter dicke Scheiben schneiden und in einer heißen Teflon-Pfanne mit wenig Öl von beiden Seiten goldgelb braten.

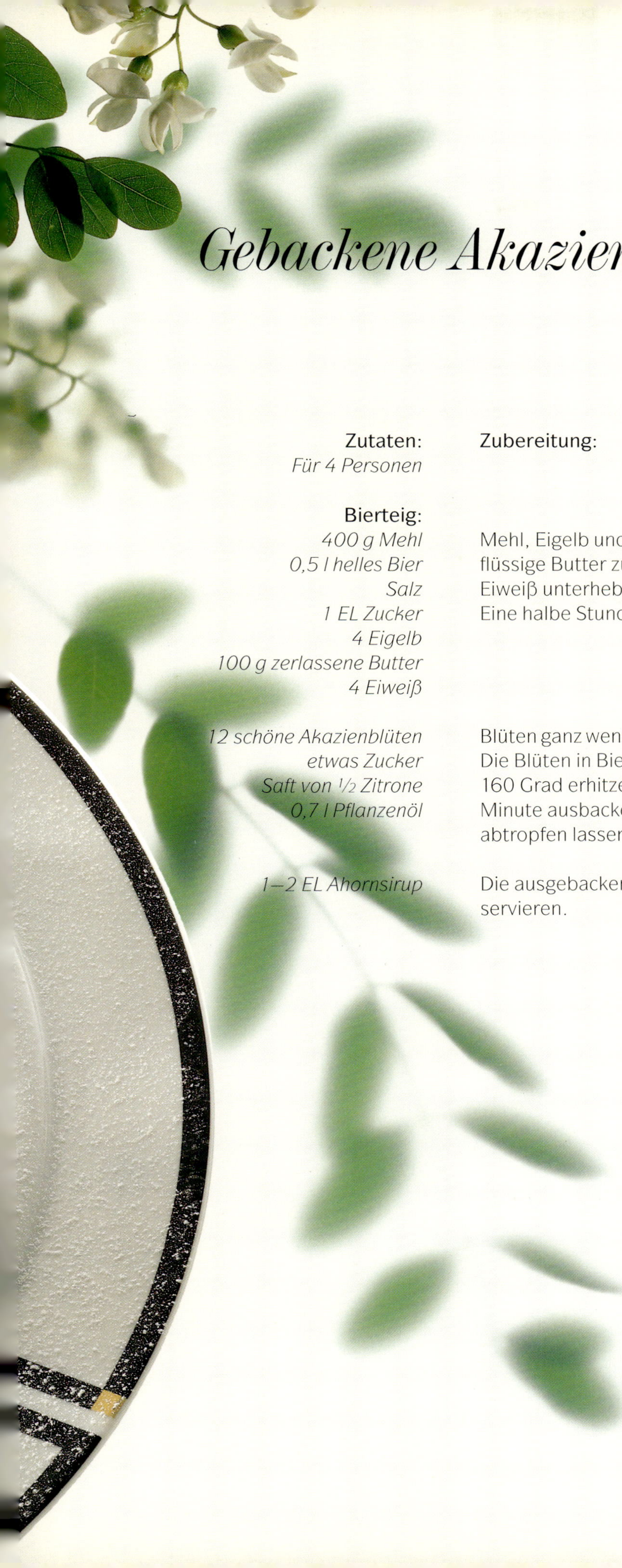

Gebackene Akazienblüten

Zutaten:	Zubereitung:
Für 4 Personen	
Bierteig: *400 g Mehl* *0,5 l helles Bier* *Salz* *1 EL Zucker* *4 Eigelb* *100 g zerlassene Butter* *4 Eiweiß*	Mehl, Eigelb und Bier gut glattrühren, Salz, Zucker und flüssige Butter zufügen, zum Schluß das cremig geschlagene Eiweiß unterheben. Eine halbe Stunde an einem warmen Ort stehenlassen.
12 schöne Akazienblüten *etwas Zucker* *Saft von ½ Zitrone* *0,7 l Pflanzenöl*	Blüten ganz wenig mit Zucker und Zitronensaft aromatisieren. Die Blüten in Bierteig tauchen, Öl in einer Sauteuse auf 160 Grad erhitzen, die Akazienblüten in der Fritüre zirka eine Minute ausbacken, herausnehmen, auf Küchenkrepp abtropfen lassen.
1–2 EL Ahornsirup	Die ausgebackenen Akazienblüten mit wenig Ahornsirup servieren.

Frühlingsragout

Zutaten:	Zubereitung:
Für 4 Personen	
180 g Frühlingszwiebeln *200 g Karotten* *200 g Spargel* *150 g Morcheln* *Salz*	Zwiebeln putzen, das Grün entfernen. Die Karotten schälen und in Olivenform tournieren. Den Spargel schälen, in 3 Zentimeter lange Stücke schneiden. Von den Morcheln die Stengel entfernen, die Pilze rasch und gründlich waschen, gut abtrocknen. Die Gemüse in Salzwasser getrennt bißfest kochen, abgießen.
Sauce:	
2 EL Weißwein *1 Schalotte* *0,3 l Kalbsfond* *100 g Butter* *Salz* *Pfeffer aus der Mühle*	In einer Sauteuse Weißwein und Schalotten ankochen, mit dem Kalbsfond auffüllen, auf ein Drittel reduzieren, die Butter dazugeben, aufkochen lassen und durch ein feines Sieb passieren. Im Mixer aufschlagen.
	Fertigstellung:
30 g Butter *3 EL Kalbsfond*	In einem Topf die Butter erhitzen, die Morcheln zugeben und mit dem Kalbsfond 2 bis 3 Minuten köcheln lassen. Die Morcheln herausnehmen.
2 EL Kerbel *1 TL Petersilie*	Alle Gemüse, die Pilze und die feingewiegten Kräuter in die Sauce geben, mit Salz und Pfeffer abschmecken und in Suppentellern servieren.

Lasagne von Auberginen und Zucchini mit Pistou

Zutaten:
Für 4 Personen

Zubereitung:

3 Auberginen
1 Zucchino
3 Fleischtomaten

Auberginen vom Strunk befreien und der Länge nach in 1½ Zentimeter dicke Scheiben schneiden, Zucchino in kleine Würfel schneiden. Tomaten kurz in kochendes Wasser geben, enthäuten, entkernen und ebenfalls in kleine Würfel schneiden.

2 EL Olivenöl
2 EL Mehl

In einer Pfanne das Olivenöl erhitzen, die Auberginenscheiben in Mehl wenden und von beiden Seiten anbraten, auf Küchenkrepp legen.

1 EL Butter
Salz
Pfeffer aus der Mühle

Butter erhitzen und die Zucchiniwürfel darin rasch ansautieren, Tomaten zufügen, würzen und zur Seite stellen.

Pistou:
je ½ TL Kräuter
Petersilie
Basilikum
Estragon
Kerbel
2 EL Butter
0,125 l Crème double
½ Knoblauchzehe, zerdrückt
Salz
Pfeffer aus der Mühle

Die feingehackten Kräuter mit der Butter mischen.
In einer Sauteuse die Crème double aufkochen, die Kräuter-Butter-Mischung und den Knoblauch dazugeben, gut umrühren, würzen.

Fertigstellung:
Die Auberginenscheiben auf vier Teller mit der Zucchini-Tomaten-Mischung wie Lasagne schichten.
Mit der fertigen Pistou-Sauce überziehen.

Rösti mit Roquefort und Radicchio

Zutaten:
Für 4 Personen

Zubereitung:

2 große Kartoffeln
Salz
Pfeffer aus der Mühle
2 EL Olivenöl

Rohe Kartoffeln schälen, in streichholzförmige Streifen schneiden, abtrocknen und würzen. In einer kleinen Pfanne das Öl erhitzen, die Kartoffeln einschichten und goldgelb braten.

1 TL Estragonessig
1 TL Sherryessig
2 EL Olivenöl

Essig, Öl, Salz und Pfeffer gut miteinander verrühren.

1 kleiner Kopf Radicchio
100 g Roquefort

Den Salat putzen und waschen.

Fertigstellung:
Die Kartoffelrösti auf Tellern anrichten und den Roquefort darauf anrichten.
Den Radicchio in der Marinade wenden, kreisförmig um die Rösti anrichten.

Lauch in Kartoffelsauce mit Wachteleiern

Zutaten:
Für 4 Personen

4 Stangen Lauch
zirka 0,25 l Consommé
50 g Butter

Vom Lauch die äußeren Blätter entfernen, der Länge nach halbieren, waschen und in der gut abgeschmeckten Consommé und Butter weich dämpfen.

Kartoffelsauce:
0,1 l Weißwein
2 cl Noilly Prat
1 kleine Schalotte
0,5 l Kalbsfond
150 g Butter
Salz
½ TL Estragonessig
3 EL Kartoffelpüree von mehligen Kartoffeln

Weißwein, Noilly Prat und feingewürfelte Schalotte kurz ankochen, mit dem Kalbsfond auffüllen, auf ein Drittel reduzieren, die Butter einmontieren und das Kartoffelpüree unterrühren. Im Mixer aufmixen, durch ein feines Sieb streichen und pikant abschmecken (eventuell auch mit etwas Zitronensaft).

Wachtelspiegeleier:
12 Wachteleier
Salz
Pfeffer aus der Mühle
etwas Olivenöl

Eine teflonbeschichtete Pfanne erhitzen, die Wachteleier darin braten, mit Salz und Pfeffer würzen.

Zubereitung:

Fertigstellung:
Den Lauch auf Teller verteilen, mit der Kartoffelsauce umgießen und die Wachtelspiegeleier daraufsetzen.

Nach Bedarf mit etwas Rotweinsauce beträufeln.

Rotkraut, gefüllt mit Zwiebeln

Zutaten:	Zubereitung:
Für 4 Personen	
4 kleine, junge Rotkrautköpfe	Von den jungen Krautköpfen den Strunk herausschneiden und etwas aushöhlen.
300 g Zwiebeln *80 g Reis* *160 g Brühe*	Feingeschnittene und gewaschene Zwiebeln mit dem Reis, 160 g Brühe und 100 g Butter weich kochen, abschmecken.
150 g Butter *zirka 0,4 l Brühe* *Salz* *Pfeffer aus der Mühle* *3 EL geriebenes Weißbrot*	Diese Masse in die ausgehöhlten Krautköpfe füllen und mit der Brühe, der restlichen Butter und den Gewürzen zugedeckt im vorgeheizten Rohr bei 220 Grad eine halbe Stunde garen. Kurz vor dem Garwerden mit dem Weißbrot bestreuen und gratinieren.

Artischocken mit Zwiebelkonfit

Zutaten:	Zubereitung:
Für 4 Personen	
4 Artischocken *1½ l Wasser* *0,125 l Rotweinessig* *80 g Salz*	Wasser, Salz und Essig zusammen aufkochen lassen, von den Artischocken die Stiele entfernen, die Blätter abschneiden, die Böden rund tournieren und mit einem Löffel das Heu ausstechen. Die Artischockenböden in kochendes Salzwasser geben und zirka 10 bis 12 Minuten kochen, herausnehmen und in warmes Wasser legen.
Zwiebelkonfit:	
200 g weiße Zwiebeln *130 g Butter* *4 EL Wasser* *Salz*	Die Zwiebeln schälen, halbieren, in Streifen schneiden, gut waschen, abtropfen lassen und mit den übrigen Zutaten weich dünsten, mit Salz abschmecken.

Fertigstellung:
Die Artischockenböden aus dem Wasser nehmen, abtropfen lassen und mit dem Zwiebelkonfit füllen.

Paßt besonders gut als Beilage zu Lamm.

Desserts

Lebkuchenmousse mit Punchsauce

Zutaten:
Für 4–6 Personen

Punchsauce:
0,1 l Wasser
5 g Schwarztee

50 g dünne Ananasscheiben
Schale von 1 Orange
40 g Orangensaft
50 g Rum
20 g Sherry
20 g Kirschwasser
1 Zimtstange
1 Vanilleschote
40 g Rotwein
4 EL Rotweinreduktion
1 Gewürznelke
50 g Zucker
20 g Mondamin

Lebkuchenmousse:
2 Eier
1 Eigelb
30 g Zucker

1 Blatt Gelatine
2 cl Kirschwasser
75 g dunkle Couverture
75 g Lebkuchen
5 g Lebkuchengewürz
250 g geschlagene Sahne

Zubereitung:

Wasser und Tee aufkochen, zur Seite stellen und 5 Minuten ziehen lassen, abseihen.

Nun den Tee mit allen anderen Zutaten außer dem Mondamin aufkochen, mit dem Mondamin abziehen und zugedeckt zwei bis drei Tage im Kühlschrank ziehen lassen.

In einem Schneekessel über Dampf Eier, Eigelb und Zucker zur Rose aufschlagen. Gelatine einweichen und im erwärmten Kirschwasser auflösen.

Couverture zerkleinern und auflösen. Lebkuchen reiben. Diese Zutaten nun in die Eimasse einrühren, Gewürze zufügen.
Zuletzt die geschlagene Sahne unterheben und die Masse für 2 Stunden in den Kühlschrank stellen.

Fertigstellung:
Mit der Punchsauce einen Spiegel auf die Teller gießen, mit einem Eßlöffel Nocken aus der Lebkuchenmousse stechen und je 3 Nocken daraufsetzen.

Bananenterrine gefüllt mit Ananasbowle/Waldmeister

Zutaten:
Für 4 Personen

2 Eigelb, 1 Ei
50 g Zucker
2 Blatt Gelatine
1 Banane, püriert
5 EL Bananenlikör
Saft von 2 Zitronen
120 g süße Sahne

Zubereitung:

Eigelb, Ei und Zucker im Wasserbad schaumig schlagen, die eingeweichte und gut ausgedrückte Gelatine dazugeben und kalt schlagen.
Likör, Banane und den Zitronensaft unterrühren und vorsichtig die geschlagene Sahne unterheben.
In die Terrinenform füllen und zirka 3 Stunden in den Kühlschrank stellen.

Biskuitboden:
1 Ei, 25 g Zucker
25 g Mehl, 10 g Stärke
10 g flüssige Sahne

Ei und Zucker im Wasserbad aufschlagen, zur Seite stellen und so lange weiterschlagen, bis die Masse dick und kalt ist.
Die übrigen Zutaten vorsichtig unterheben. Das Backblech mit Öl bepinseln, mit Backpapier auslegen, die Masse darauf ausstreichen und im heißen Backrohr goldgelb backen.
Mit einem runden Ausstecher Böden von 5 Zentimeter Durchmesser ausstechen.

Ananasbowle:
0,15 l Champagner
0,15 l trockener Weißwein
100 g frische Ananas, in kleine Würfel geschnitten
Saft von 2 Zitronen
50 g Zucker
einige Blätter Waldmeister

Alle Zutaten gut verrühren und zugedeckt im Kühlschrank einen Tag ziehen lassen.

Schokodeckel:
100 g dunkle Couverture
1 Blatt Pergament 50 × 50 cm

Die Couverture zerkleinern, im Wasserbad auflösen, etwas abkühlen lassen und mit der Palette rasch einen Millimeter dick auf das Papier streichen. Anziehen lassen, runde Flächen von 5 Zentimeter Durchmesser ausstechen, kurz in den Kühlschrank stellen und die Schokodeckel vom Papier lösen.

Fertigstellung:
Die Terrine kurz in heißes Wasser tauchen, stürzen und in 3 Zentimeter dicke Scheiben schneiden. Mit dem Ausstecher Scheiben von 5 Zentimeter Durchmesser ausstechen, diese Scheibe mit einem Ausstecher von 4 Zentimeter Durchmesser nochmals ausstechen, damit sich ein Ring ergibt, kalt stellen. Eine Scheibe Biskuit in tiefen Tellern anrichten, darauf einen Ring der Bananenterrine setzen, mit Bowle auffüllen und mit Schokodeckel abschließen.

Garnitur:
8 Erdbeeren

Mit etwas Bowlensaft umgießen und mit den Erdbeeren garnieren.

Komposition von dreierlei Schokoladenparfait

Zutaten:
zirka 16 Portionen

Zubereitung:

1. Masse:

60 g Zucker
20 g Wasser
3 Eigelb
20 g Zucker

60 Gramm Zucker mit dem Wasser aufkochen. Eigelb und 20 Gramm Zucker schaumig schlagen, langsam das heiße Zuckerwasser zugeben und solange schaumig schlagen, bis die Masse abgekühlt ist.

3 EL Rum
120 g dunkle Couverture
0,25 l süße Sahne

Die Couverture zerkleinern, im Wasserbad schmelzen lassen und zusammen mit dem Rum unter die Grundmasse geben. Zum Schluß die geschlagene Sahne unter die Masse heben, in eine Terrinenform gießen und für 2 Stunden in das Tiefkühlfach stellen. Die Terrinenform sollte zu einem Drittel gefüllt sein.

2. Masse:

60 g Zucker
20 g Wasser
3 Eigelb
20 g Zucker
3 EL Kirschwasser
120 g weiße Couverture
0,25 l süße Sahne

Eine Grundmasse wie vor herstellen, die restlichen Zutaten zugeben, bis die Terrinenform zu zwei Dritteln gefüllt ist und ebenfalls 2 Stunden gefrieren lassen.

3. Masse:

60 g Zucker
20 g Wasser
3 Eigelb
20 g Zucker
3 EL Nougatlikör
120 g helle Couverture
0,25 l süße Sahne

Aus diesen Zutaten ebenfalls eine Masse herstellen und wie vor verfahren.

Mandelsauce:

0,3 l Schlagsahne
Mandelmilchsirup
Bittermandelessenz

Die Sahne halbsteif schlagen, mit dem Mandelmilchsirup und etwas Essenz aromatisieren.

Fertigstellung:
Das Schokoladenparfait nach dem Gefrieren kurz in heißes Wasser tauchen und stürzen.

Mit der Mandelsauce auf Tellern einen Spiegel gießen. Das Parfait in Scheiben schneiden und auf der Sauce anrichten.

Apfelgelee mit Jasminblüten

Zutaten:
Für 4 Personen

3–4 reife Delicious-Äpfel
0,3 l Weißwein
0,3 l Mineralwasser
0,3 l Sekt
100 g Zucker
Saft von 1 Zitrone
5 Blatt Gelatine

Zubereitung:

Die Äpfel schälen, entkernen und in grobe Würfel schneiden, mit der Hälfte des Zuckers mischen und einige Zeit ziehen lassen.
In einem Topf Weißwein, Mineralwasser, Sekt und Zucker aufkochen, Zitronensaft dazugeben und die Äpfel darin weich dünsten. Vom Herd nehmen und über Nacht ziehen lassen.
Das Ganze durch ein Sieb passieren, erwärmen und die eingeweichte Gelatine darin auflösen, über Eis kalt rühren.

Einlage:
½ Apfel
einige Jasminblüten

Fertigstellung:
Den Apfel schälen, entkernen und in feine Würfel schneiden.
Das Apfelgelee mit den Apfelwürfeln in gekühlten Gläsern anrichten und mit Jasminblüten garnieren.

Kaffee-Parfait mit Mascarponesauce

Zutaten:
Für zirka 10 Personen

Zubereitung:

10 Eigelb
60 g Zucker

In einer Cromarganschüssel Eigelb und Zucker leicht anschlagen.

160 g Zucker
5 EL Wasser
4 EL starken Mokka
10 EL Rum
0,5 l geschlagene Sahne

Den Zucker mit dem Wasser zum leichten Faden kochen, zu der Eigelbmasse gießen und unter ständigem Rühren kalt schlagen.

Den Mokka abkühlen und zusammen mit der geschlagenen Sahne vorsichtig unterheben.

In kleine Förmchen füllen und für eine Stunde in den Kühlschrank stellen.

Mascarponesauce:
4 Eigelb
50 g Puderzucker
150 g Mascarpone
1 EL Rum
1 EL Zitronensaft
150 g halbgeschlagene Sahne

In einer Schüssel Eigelb und Zucker schaumig rühren, die Mascarpone dazugeben, mit Rum und Zitronensaft abschmecken und die Sahne unterheben.

Garnitur:
geschlagene Sahne
Walderdbeeren

Fertigstellung:
Die Sauce auf gekühlten Tellern verteilen, die Förmchen kurz in warmes Wasser tauchen, stürzen und das Parfait daraufsetzen.

Mit geschlagener Sahne und Walderdbeeren garnieren.

Schokoladenblätter mit Mandarinenblüten

Zutaten:
Für 4 Personen

Zubereitung:

300 g dunkle Couverture
Pergamentpapier

Die Couverture zerkleinern und in einer Cromarganschüssel im Wasserbad auflösen, unter ständigem Rühren abkühlen lassen, nochmals leicht erwärmen und mit einer Palette zirka einen Millimeter dick auf das Papier aufstreichen. Nach dem Festwerden in 5 × 6 Zentimeter große Rauten schneiden und kurz in den Kühlschrank stellen.

Füllung:
150 g dunkle Couverture
30 g helle Couverture
3 Eiweiß
30 g Zucker
250 g Crème double

Helle und dunkle Couverture in einer Schüssel im Wasserbad auflösen. Eiweiß und Zucker cremig schlagen. Die Crème double leicht anschlagen und mit dem Eischnee und der warmen Couverture vermischen.

Sauce:
0,5 l Mandarinensaft
10 g Stärkemehl
etwas Armagnac

Den Mandarinensaft in einen Topf geben, zur Hälfte einkochen, mit der Stärke binden und mit Armagnac aromatisieren.

Fertigstellung:
Die Creme in einen Spritzbeutel geben. Die Schokoladenblätter vom Pergament lösen, pro Person 4 Blätter mit der Creme füllen und übereinander setzen.

Garnitur:
Mandarinenblüten und
Mandarinenblätter

Mit der Mandarinensauce einen Spiegel auf gekühlte Teller gießen, die gefüllten Schokoladenblätter daraufsetzen und mit Blüten und Blättern ausgarnieren.

Limettencreme mit Kiwi

Zutaten:
Für 6–8 Personen, 8 cm Ø

Zubereitung:

60 g Zucker
6 cl Limettensaft

Zucker mit einem Drittel des Limettensaftes zu Karamel kochen. Der Karamel sollte nur leicht braun werden. Mit dem Rest Limettensaft den Karamel ablöschen.

2 Blatt Gelatine
100 g Joghurt

Die in kaltem Wasser eingeweichte Gelatine ausdrücken und in den abgelöschten Karamel einrühren. Den Joghurt unterschlagen und alles durch ein feines Haarsieb gießen, damit alle Gelatine- und Karamelreste entfernt werden.
Die Masse nun auf Eis kalt rühren.

70 g Eiweiß
25 g Zucker
40 g geschlagene Sahne

Eiweiß mit dem Zucker cremig schlagen und unter die abgekühlte Masse heben. Zuletzt die leicht geschlagene Sahne unterheben.

Die Limettencreme nun in leicht gebutterte Förmchen füllen und für etwa eine bis zwei Stunden in den Kühlschrank stellen.

8–10 mittelgroße Kiwis
2 EL Läuterzucker
1 EL Bacardi-Rum

Die Kiwis schälen. Sie sollten noch nicht zu reif sein, da sonst der fruchtige, saure Geschmack verlorengegangen ist. Die geschälten Kiwis in dünne Scheiben schneiden und in Läuterzucker und Bacardi marinieren (etwa eine Stunde).

Garnitur:
1–2 Zweige Minze

Fertigstellung:
Die Creme-Förmchen kurz in heißes Wasser stellen. Die Creme nun in die Tellermitte stürzen. Die Kiwischeiben kurz abtropfen lassen und rund um die Creme herum anrichten. Unter einen halben Becher Joghurt eine passierte Kiwi rühren (mit Kernen) und leicht über die Limettencreme laufen lassen. Mit einem kleinen Minzezweig oder einigen Blättchen Minze garnieren und den Teller leicht mit Puderzucker bestäuben.

Walderdbeeren mit Minzegelee

Zutaten:
Für 4 Personen

0,4 l Champagner
1 kleines Bund Minze
Saft von 3 Zitronen
5 EL Zucker

3 Blatt Gelatine

300 g Walderdbeeren

Garnitur:
Puderzucker
einige Minzeblätter

Zubereitung:

Minze waschen, die Blätter abzupfen, mit Champagner, Zitronensaft und Zucker aufkochen, abkühlen und einen Tag im Kühlschrank zugedeckt ziehen lassen.

Aus dem Kühlschrank nehmen, erwärmen, durch ein Sieb gießen, die eingeweichte Gelatine einrühren und in einer Cromarganschüssel über Eis kalt rühren.

Fertigstellung:
Die Walderdbeeren verlesen und auf gekühlten Tellern anrichten. Mit dem Minzegelee überziehen, mit Puderzucker bestäuben und mit Minzeblättern garnieren.

Walderdbeeren mit Honigeissauce

Zutaten:	Zubereitung:
Für 4 – 6 Personen	
Honigeissauce:	
0,25 l Milch *0,25 l Sahne* *125 g Honig* *4 Eigelb* *2 Eier*	Milch, Sahne und Honig aufkochen. Eigelb, Eier und Zucker in einer Metallschüssel schaumig schlagen. Die heiße Milchmischung unter ständigem Rühren langsam zugeben, die Schüssel in ein heißes Wasserbad setzen und die Masse schaumig rühren. Sie sollte eine dickliche Konsistenz haben. Abkühlen lassen und in der Eismaschine gefrieren.
0,25 l geschlagene Sahne	Während des Gefrierens die geschlagene Sahne zugeben.
0,1 l Champagner	Das Eis bei Zimmertemperatur stehenlassen und kurz vor dem Servieren mit Champagner verrühren.
3 Schalen Walderdbeeren *1 TL Puderzucker*	5 Eßlöffel Walderdbeeren durch ein Sieb passieren und dieses Erdbeermark mit den verlesenen Walderdbeeren und dem Zucker gut vermischen.
100 g Couverture *einige Blätter Minze*	Die Couverture erwärmen.

Fertigstellung:
Die Couverture in eine kleine Spritztüte füllen und auf Teller je eine Blattform spritzen. Die Honigeissauce und die marinierten Erdbeeren darauf anrichten, mit Minzeblättern garnieren.

Mandelblütensorbet

Zutaten: *Für 4 Personen*	Zubereitung:
0,2 l Champagner *0,2 l Weißwein* *1½ Zitronen* *100 g Mandelblüten*	Weißwein, Champagner, Zitronen und Mandelblüten aufkochen und abkühlen lassen. Zirka 2 bis 3 Tage im Kühlschrank ziehen lassen.
0,2 l Mandelmilch	Die Mandelmilch dazugeben, durch ein Sieb gießen und in der Sorbetiere gefrieren. Beim Anrichten mit einer Mandelblüte garnieren.

Mürbeteigschiffchen mit Himbeeren und weißer Mousse

Zutaten:
zirka 50 Stück

Zubereitung:

Mürbeteig:
100 g Puderzucker
200 g Butter
300 g Mehl
1 Ei
etwas Vanillemark

Alle Zutaten rasch zu einem glatten Teig verarbeiten, eine halbe Stunde zugedeckt im Kühlschrank ruhen lassen.

Mousse:
45 g Butter
10 g Puderzucker
2 Eigelb
100 g weiße Couverture
2 EL Kirschwasser
0,2 l Sahne

In einer Schüssel Butter und Puderzucker schaumig rühren. Das Eigelb dazugeben und etwa 5 Minuten weiterschlagen. Die Couverture zerkleinern und im Wasserbad schmelzen. Das Kirschwasser und die geschmolzene Couverture unter die Eigelbmasse ziehen und die geschlagene Sahne unterheben. Die Mousse einige Zeit in den Kühlschrank stellen.

1 Schale Himbeeren

150 g halbbittere Couverture

Fertigstellung:
Den Mürbeteig dünn ausrollen, kleine Förmchen (Schiffchen) mit dem Teig auslegen, den Rand gut andrücken und im vorgeheizten Backrohr bei 200 Grad hellbraun backen. Aus den Förmchen stürzen und mit erwärmter Couverture ausstreichen. Die Himbeeren verlesen, je 3 bis 4 Stück in die Schiffchen legen, mit weißer Mousse ausfüllen und glattstreichen. Mit etwas Couverture überziehen.

Panna cotta

Zutaten:
Für 4–6 Personen

0,5 l Sahne
0,5 l Milch
140 g Zucker
4 Vanillestangen
2 Eier
3 Eigelb

Zubereitung:

Milch und Sahne lauwarm erwärmen, Vanillestangen der Länge nach aufschneiden und dazugeben.
Kurze Zeit ziehen lassen.
Zucker, Eier und Eigelb mit einem Schneebesen gut vermischen, Milch-Sahne einrühren und gut eine halbe Stunde ziehen lassen.
Nun alles durch ein Sieb schütten, das Mark der Vanillestangen herausschaben und zu der Masse geben.

Flache Förmchen zirka 3 Zentimeter hoch damit füllen, und im vorgeheizten Rohr im Wasserbad bei 120 Grad zirka 30 Minuten pochieren, herausnehmen und zirka 2 Stunden in den Kühlschrank stellen.

Fertigstellung:
Kurz vor dem Servieren mit braunem Zucker bestreuen und kurz unter den Salamander stellen.

Mousse von Armagnac-Pflaumen mit Teesauce

Zutaten: *Für 4 Personen*	Zubereitung:
Armagnac-Pflaumen: *12 Trockenpflaumen* *0,25 l Armagnac*	Die Pflaumen entsteinen, den Armagnac auf 60 Grad erwärmen und über die Pflaumen gießen. Gut abdecken und drei Tage ziehen lassen. Durch ein Sieb gießen, die Flüssigkeit erwärmen, wieder über die Pflaumen gießen und nochmals ziehen lassen. Dies wiederholen Sie in 2 Wochen noch zweimal. Das Gefäß immer wieder gut verschließen, damit der Alkohol nicht verdunstet.
2 Eier *2 Eigelb* *70 g Zucker* *70 g Armagnac* *70 g Pflaumensaft (von den Armagnac-Pflaumen)* *3 Blatt Gelatine*	Eier, Eigelb, Zucker, Armagnac und Pflaumensaft im Wasserbad aufschlagen, die eingeweichte und ausgedrückte Gelatine dazugeben und über Eis kalt schlagen.
0,3 l geschlagene Sahne *12 eingelegte Armagnac-Pflaumen*	Die geschlagene Sahne unterheben. Die Pflaumen fein hacken und unterrühren. In Förmchen füllen und kalt stellen.
Sauce: *20 g Ceylon-Tee* *(0,3 l Wasser)* *30 g Zucker* *½ TL Stärke* *150 g geschlagene Sahne* *3 EL Rum*	Einen starken Tee zubereiten, etwas einkochen lassen, zuckern, mit der Stärke abbinden und die geschlagene Sahne darunterziehen.

Fertigstellung:
Die Förmchen mit der fest gewordenen Pflaumen-Mousse kurz in heißes Wasser tauchen.
Etwas Sauce auf die Teller geben, die Armagnac-Pflaumen-Mousse aus den Förmchen stürzen und daraufsetzen.

Pochierte Birne mit Mandelschaum und Veilchen

Zutaten:
Für 4 Personen

2 reife Williamsbirnen
0,1 l Weißwein
100 g Zucker
1 Vanilleschote
Saft von 1 Zitrone

Mandelschaum:
0,1 l Mandelmilch
100 g Crème double
200 g geschlagene Sahne
50 g Puderzucker
50 g geröstete Mandelblättchen

Garnitur:
20 Veilchenblüten

Zubereitung:

Die Birnen schälen, halbieren, vom Kerngehäuse befreien und in einem Topf mit den übrigen Zutaten kurz pochieren. Sie sollten noch bißfest sein. Im Sud abkühlen lassen. Die Birnenhälften herausnehmen und in feine Fächer schneiden.

In einer Schüssel die Mandelmilch, Crème double und den Puderzucker gut verrühren und die geschlagene Sahne unterheben.

Fertigstellung:
Die pochierten Birnen auf tiefen Tellern anrichten, mit dem Mandelschaum überziehen und mit den Mandelblättchen und Veilchenblüten ausgarnieren.

Schokoladenblätter auf Orangensauce mit Orangenblüten

Zutaten:
Für 4 Personen

Zubereitung:

Schokoladenmousse:
120 g dunkle Couverture
50 g helle Couverture
3 Eiweiß
40 g Zucker
250 g Crème double
2 EL Rum

Die Couverture in grobe Stücke schneiden und in einer Metallschüssel im Wasserbad schmelzen. Eiweiß mit dem Zucker cremig aufschlagen. In einer Schüssel Crème double leicht aufschlagen, mit dem Eischnee mischen und die gut warme Couverture einrühren, mit Rum abschmecken.

Schokoladenblätter:
200 g dunkle Couverture
1 Bogen Pergamentpapier

Die Couverture zerkleinern und in einer Cromarganschüssel im Wasserbad auflösen, unter ständigem Rühren abkühlen lassen, nochmals kurz erwärmen und mit einer Palette rasch zirka einen Millimeter dick auf das Pergamentpapier aufstreichen. Anziehen lassen und in 5 × 6 Zentimeter große Rauten schneiden, kurz in den Kühlschrank stellen. So lassen sich die Blätter später leichter vom Papier lösen.

Orangensauce:
60 g Butter
90 g Zucker
0,4 l Orangensaft
1 Eigelb
Schale von 1 Zitrone
Schale von 1 Orange
3 EL Orangenlikör

Butter und Zucker in einer Kupfersauteuse langsam und nur ganz hell karamelisieren, mit der Hälfte des Orangensaftes ablöschen, mit dem Eigelb mischen und im Mixer aufschlagen. Die geriebenen Orangen- und Zitronenschalen und den restlichen Orangensaft zugeben, mit Orangenlikör aromatisieren.

Garnitur:
einige Orangenblüten

Fertigstellung:
Die Schokoladenblätter vom Pergament lösen, pro Person 4 Blätter mit der Mousse bestreichen und übereinander setzen. Einen Spiegel Orangensauce auf tiefe Teller gießen, die Schokoladenblätter daraufsetzen und mit Orangenblüten garnieren.

Feigenterrine

Zutaten:
Für ca. 8 Personen

Zubereitung:

Weiße Mousse:
45 g Butter
10 g Staubzucker
2 Eigelb
95 g weiße Couverture
3 EL Kirschwasser
3 Blatt Gelatine, eingeweicht
50 g Pistazien gemahlen
0,2 l geschlagene Sahne

Butter und Zucker schaumig schlagen, das Eigelb dazugeben und noch einige Minuten weiterschlagen. Die Couverture zerkleinern und im Wasserbad schmelzen. Das Kirschwasser leicht erwärmen und die Gelatine darin auflösen. Die Couverture und das Kirschwasser unter die Eigelbmasse ziehen, die Pistazien dazugeben und die geschlagene Sahne unterheben.

Marzipanmantel:
150 g Rohmarzipan
100 g Puderzucker
1 Terrinenform
(Größe 8 x 6 x 20 cm)

Marzipan und Puderzucker gut miteinander verrühren und verkneten.
Für den Marzipanmantel die Masse dünn zu einem Rechteck von 35 x 20 Zentimetern ausrollen und die Terrinenform damit auslegen.

Einlage:
6 kleine, reife Feigen
150 g Himbeeren

Die gut gereiften Feigen schälen, die Himbeeren verlesen.
Die ausgelegte Terrinenform etwa 2 Zentimeter hoch mit Mousse füllen, in die Mitte der Länge nach die Feigen plazieren, die Himbeeren ebenfalls der Länge nach hineinlegen, mit der Mousse auffüllen und nochmals Himbeeren der Länge nach einlegen. Mit dem überlappenden Marzipanmantel abschließen und für etwa 3 Stunden in den Kühlschrank stellen.

Mandelschaum:
0,3 l süße Sahne
Mandelmilchsirup
Bittermandelessenz

Die Sahne halbsteif schlagen, mit dem Sirup und etwas Essenz aromatisieren.

Fertigstellung:
Die Terrine stürzen. Den Mandelschaum auf kalte Teller verteilen und die in Scheiben geschnittene Terrine darauf anrichten.

2 EL Cassisgelee

Mit dem Cassisgelee Ornamente in die Sauce ziehen.

Kaffee-Sabayon mit Vanilleeis

Zutaten:
Für 8 Personen

Vanilleeis:
0,4 l Sahne
0,3 l Milch
2 Vanillestangen
70 g Zucker
2 Eier
4 Eigelb
50 g Zucker

Kaffee-Sabayon:
5 Eigelb
120 g Zucker
0,15 l starker Kaffee
2 EL Nescafé
3 EL Rum
2 Blatt Gelatine
0,25 l geschlagene Sahne

Zubereitung:

Sahne, Milch und das ausgekratzte Mark der Vanillestangen mit 70 Gramm Zucker aufkochen. Eier, Eigelb und 50 Gramm Zucker in einer Metallschüssel schaumig rühren, die heiße Milchmischung langsam und unter ständigem Rühren zugießen, die Schüssel in ein heißes Wasserbad stellen und schaumig rühren. Die Masse sollte eine dickliche Konsistenz haben. Durch ein Sieb passieren und abkühlen lassen.

In der Eismaschine gefrieren.

Die Eigelb in einer Metallschüssel aufschlagen. Kaffee, die Hälfte des Rums, Zucker und Nescafé aufkochen, die heiße Mischung unter ständigem Rühren zu den Eigelb gießen, die im restlichen Rum eingeweichte Gelatine dazugeben, kalt schlagen und die geschlagene Sahne unterheben.

Fertigstellung:
Mit einem Eßlöffel je 2 große Nocken vom Vanilleeis ausstechen, auf Glasschalen setzen, mit dem Kaffee-Sabayon überziehen und mit Mokkabohnen oder Schokolade-Ornamenten verzieren.

Grießflammeri mit Fruchtsauce

Zutaten:
Für 4 Personen

0,35 l Milch
30 g Grieß
30 g Zucker
2 Eiweiß

Zubereitung:

In einem Topf die Milch zum Kochen bringen, den Grieß mit dem Schneebesen einrühren und gut durchkochen lassen. Eiweiß und Zucker steif schlagen und unter die etwas abgekühlte Grießmasse heben, in Förmchen füllen und zirka eine Stunde kühl stellen.

Fruchtsauce:
40 g Himbeeren
40 g Johannisbeeren
40 g Heidelbeeren

Alle Früchte verlesen, durch ein Sieb streichen und eventuell mit etwas Zucker süßen.

Fertigstellung:
Mit der Fruchtsauce einen Spiegel auf die Teller gießen, den Grießflammeri stürzen und darauf plazieren.

Waldmeistercreme mit Limettensauce

Zutaten:
Für 8 Personen

70 g frischer Waldmeister
0,1 l Milch
3 Blatt Gelatine

2 Eigelb
2 Eier
80 g Zucker

0,3 l geschlagene Sahne

Zubereitung:

Den Waldmeister von den Stielen befreien und mit der Milch 1 bis 3 Minuten aufkochen, durch ein Sieb gießen und die eingeweichte Gelatine in der Milch auflösen.

Eigelb, Eier und Zucker schaumig schlagen und die heiße Milch ganz langsam und unter ständigem Rühren zugeben. Unter Rühren abkühlen lassen.

Den Waldmeister fein hacken und zusammen mit der geschlagenen Sahne unterheben.

In Förmchen füllen und im Kühlschrank zirka 3 Stunden kalt stellen.

Limettensauce:
80 g Zucker
60 g Butter
0,4 l Limettensaft
1 Eigelb

In einer Sauteuse die Butter und den Zucker unter ständigem Rühren zu einem mittelbraunen Karamel kochen. Löffelweise die Hälfte des Limettensaftes unterrühren. Die noch heiße Flüssigkeit mit dem Eigelb im Mixer aufschlagen. Den restlichen Limettensaft einrühren.

Garnitur:
einige Blätter Minze
einige Blätter Waldmeister

Fertigstellung:
Die Förmchen kurz in warmes Wasser tauchen. Die Sauce auf Teller verteilen, Waldmeistercreme daraufsetzen und mit Waldmeister und Minze ausgarnieren.

Rumgugelhupf mit Rotweinbirne

Zutaten:
Für 4 Personen

Zubereitung:

Rotweinbirne:
500 g reife Birnen
1 kleine Vanillestange
1 kleine Zimtstange
1 Nelke
0,2 l Rotwein
70 g Zucker
Saft von ½ Zitrone
Saft von ½ Orange

Sämtliche Zutaten in einem Topf zum Kochen bringen und die geschälten und entkernten Birnenhälften darin kurz aufkochen lassen.

Alles zusammen bei Zimmertemperatur etwa 6 Stunden ziehen lassen.

Rumgugelhupf:
120 g Zucker
80 g Butter
2 Eigelb
50 g geröstete und geriebene Haselnüsse
40 g geriebene Schokolade
1 Messerspitze Backpulver
1 Messerspitze Zimt
70 g Mehl
1 EL Rum

Die Butter mit der Hälfte des Zuckers schaumig rühren, nach und nach Eigelb, Haselnüsse, Schokolade, Gewürze und Mehl dazugeben und gut vermischen.

3 Eiweiß

Das Eiweiß und den restlichen Zucker steif schlagen und unter die Masse heben.

Fertigstellung:

Butter und Brösel für die Förmchen

Die Gugelhupfmasse in gebutterte und mit Semmelbröseln bestreute Förmchen geben und im vorgeheizten Backrohr bei 180 Grad zirka 18 Minuten backen.

Die Birnen fächerförmig aufschneiden, in tiefen Tellern anrichten und den Gugelhupf daraufstürzen, warm servieren.

Charlotte Williams

Zutaten:
Für 5 Personen

1000 g reife Williamsbirnen
1 l leichter Läuterzucker (1 l Wasser und 300 g Zucker)
0,125 l Weißwein
0,2 l Champagner

1 Blatt Gelatine
2 EL Williamsgeist
2 Eiweiß
1 EL Zucker

Zubereitung:

Birnen schälen, halbieren und entkernen. In einem Topf Läuterzucker, zwei Drittel vom Weißwein, zwei Drittel vom Champagner und den Saft einer Zitrone aufkochen, 5 Birnenhälften darin pochieren. Die restlichen Birnen mit dem Weißwein, dem Champagner und etwas Zitronensaft zu einem Mus verkochen und durch ein Sieb streichen. Das ergibt ca. 250 g Birnenmus.

Die pochierten Birnenhälften der Länge nach in feine Scheiben schneiden und 5 Charlotte-Förmchen fächerförmig damit auslegen. Den Williamsgeist etwas erwärmen, die eingeweichte Gelatine darin auflösen und unter das Birnenmus rühren.

Eiweiß und Zucker steif schlagen und unter das Birnenmus heben, in die Charlotte-Förmchen füllen und für zirka 2 Stunden in den Kühlschrank stellen.

Cassissauce:
200 g schwarze Johannisbeeren, gezupft
4 EL Zucker
3 EL Cassislikör

Alle Zutaten miteinander vermischen, durch ein Haarsieb streichen und, falls die Sauce zu dick ist, mit etwas Johannisbeersaft verdünnen.

Garnitur:
einige Minzeblätter

Fertigstellung:
Mit der Cassissauce auf den Teller einen Spiegel gießen, die Birnen-Charlotte darauf stürzen und mit Minzeblättern garnieren.

Mohnmousse mit Hefezopf

Zutaten:
Für 6–8 Personen

Zubereitung:

Hefeteig:
1 kg Weizenmehl
40 g Hefe
40 g Zucker
120 g Butter
4 Eier
zirka 0,25 l Milch
200 g Rosinen
1 Ei zum Bestreichen

Mehl in eine Schüssel geben, in die Mitte eine Vertiefung drücken.
Hefe mit etwas Zucker und wenig lauwarmer Milch verrühren, zudecken und aufgehen lassen.
Nach zirka 20 Minuten werden die flüssige Butter, Zucker, Eier und die restliche lauwarme Milch mit den anderen Zutaten und dem Mehl gut verarbeitet. Den Teig so lange schlagen bis er weich und geschmeidig ist. Zudecken und aufgehen lassen.
Nochmals kräftig zusammenschlagen und nochmals gehen lassen.
Nun den Teig in drei Teile teilen und einen Zopf formen.
Den Hefezopf aufgehen lassen, mit dem verquirlten Ei bestreichen, auf ein Blech geben und im vorgeheizten Rohr bei 180 Grad zirka 60 Minuten backen. Herausnehmen und abkühlen lassen.

Mohnmousse:
50 g gemahlenen Mohn
0,125 l Milch
40 g Butter
10 g Staubzucker
2 Eigelb
90 g weiße Couverture
2 EL Kirschwasser
200 g geschlagene Sahne

Den gemahlenen Mohn mit der Milch aufkochen, die Milch einkochen lassen, abkühlen.
Butter und Staubzucker schaumig schlagen, Eigelb zugeben, weiterschlagen.
Couverture zerkleinern, im Wasserbad schmelzen und mit dem Kirschwasser unter die Butter-Eigelbmasse ziehen.
Nun noch die abgekühlte Mohnmasse zufügen und zuletzt die geschlagene Sahne unterheben.
Die Mousse in eine Schüssel füllen und zirka 2 Stunden in den Kühlschrank stellen.

Fertigstellung:
Den Hefezopf in Scheiben schneiden und mit der Mohnmousse servieren.

Topfennocken mit Rhabarber, lauwarm

Zutaten:
Für 4 Personen

Zubereitung:

Rhabarberkompott:
450 g Rhabarber
80 g Zucker
etwas Zimt
Mark von
½ Vanillestange

Den Rhabarber schälen, in Stücke schneiden, mit Zucker und Zimt mischen und eine Stunde ziehen lassen. Den Rhabarber und das Vanillemark in einen Topf geben, einmal aufkochen und abkühlen lassen.

Topfennocken:
600 g Magerquark
50 g Butter
3 Eier
Saft und abgeriebene
Schale von 1 Zitrone
2 EL Zucker
130 g Weißbrot
ohne Rinde

Den Quark mit einem Tuch gut ausdrücken, durch ein Sieb streichen und mit Butter und Eiern gut verrühren. Zirka 20 Minuten ruhen lassen, dabei öfter umrühren. Die übrigen Zutaten untermischen und nochmals 30 Minuten ziehen lassen.
Das Salzwasser zum Kochen bringen, mit einem Eßlöffel Nocken formen und im Wasser zirka 8 Minuten ziehen lassen.

Butterbrösel:
100 g Butter
80 g Semmelbrösel
70 g Zucker
1 TL Zimt

Die Butter erwärmen, die Brösel darin goldgelb rösten und Zucker und Zimt untermischen.

Fertigstellung:
Die Topfennocken aus dem Wasser heben, auf Küchenkrepp abtropfen lassen, in den Butterbröseln wenden, auf Tellern anrichten, mit Puderzucker bestreuen und mit dem Rhabarberkompott servieren.

Marmorsoufflé mit Nougatsauce

Zutaten:
Für 4 Personen

Nougatsauce:
100 g Haselnußnougat
0,1 l Sahne
3 g Stärkepuder
3 EL Läuterzucker
2 EL Rum
0,1 l geschlagene Sahne

Marmorsoufflé:
200 g Quark (20% Fett)
3 Eigelb
3 Eiweiß
60 g Zucker
1 TL Kakaopulver

Butter und Zucker für die Förmchen

Zubereitung:

Nougat und Sahne in einem Topf leicht erwärmen, damit sich das Nougat auflöst. Stärke und Läuterzucker in etwas Wasser anrühren und zur Nougatsahne geben. Alles gut miteinander vermischen und abkühlen lassen. Zuletzt den Rum und die geschlagene Sahne unterheben.

Den Quark durch ein Sieb streichen und in einer Schüssel mit dem Eigelb sorgfältig verrühren. Eiweiß mit Zucker zu cremigem Schnee schlagen und unter die Quarkmasse heben. Unter ein Viertel der Masse das Kakaopulver ziehen.

Fertigstellung:
Wasser in einem flachen, feuerfesten Gefäß zum Sieden bringen.
Kleine Auflaufförmchen (zirka 8 Zentimeter Durchmesser) ausbuttern, mit Zucker ausstreuen und die beiden Soufflémassen abwechselnd schichtweise hineingießen und glattstreichen. Förmchen ins heiße Wasserbad setzen und die Soufflés im vorgeheizten Backofen bei 250 Grad Unterhitze und 160 Grad Oberhitze zirka 20 bis 25 Minuten backen. Die Soufflés sofort auf tiefe Teller stürzen und mit der Nougatsauce nappieren.

Gratin von Himbeeren und Mango mit Mandelcreme

Zutaten:
Für 4 Personen

1 schöne, reife Mango
2 Schalen Himbeeren à 200 g
2 EL Himbeermark
1 TL Puderzucker
etwas Zitronensaft

Mandelcreme:
4 Eigelb
80 g Zucker
80 g Quark
3 EL Mandelmilch
einige Tropfen Bittermandelöl
4 Eiweiß
80 g Zucker
0,3 l geschlagene Sahne

Zubereitung:

Die Mango schälen, entkernen und das Fruchtfleisch in Würfel schneiden. Die Himbeeren verlesen, 50 Gramm davon für das Himbeermark durch ein Sieb drücken. Restliche Himbeeren mit den Mangowürfeln, dem Puderzucker, Himbeermark und Zitronensaft vorsichtig mischen und marinieren.

Eigelb mit Zucker schaumig schlagen und mit dem durchpassierten Quark gut verrühren. Mandelmilch und Bittermandelöl zufügen.

Eiweiß und Zucker schaumig aufschlagen und vorsichtig mit der Eigelb-Quark-Masse vermischen. Zuletzt die geschlagene Sahne unterziehen.

Fertigstellung:
Die marinierten Früchte im Backofen etwas anwärmen, auf tiefe Teller verteilen und mit der Mandelcreme bedecken. Im Backofen bei 300 Grad Oberhitze gratinieren.

Kaktusfeigen mit Himbeeren und Mandelschaum

Zutaten:
Für 4 Personen

Zubereitung:

Mandelschaum:
0,1 l Mandelmilch
100 g Crème double
200 g geschlagene Sahne
50 g Puderzucker

In einer Schüssel Mandelmilch, Crème double und Puderzucker gut miteinander verrühren, die geschlagene Sahne unterheben.

4 Kaktusfeigen
1 Schale Himbeeren

Die Kaktusfeigen halbieren und mit einem Löffel das Fruchtfleisch herausnehmen, die Himbeeren verlesen.

Fertigstellung:
Den Mandelschaum auf Teller anrichten, etwas Mandelschaum in die Hälften der Kaktusfeigen geben, Himbeeren darauf verteilen und das Fruchtfleisch der Kaktusfeigen daneben anrichten.

Gebäck und Pâtisserie

Zuger Kirschtorte

Zutaten:
Für 12 Stücke

6 ganze Eier
150 g Zucker
150 g Mehl
50 g Stärkemehl
80 g flüssige Butter
Butter und Mehl für die Form

Zubereitung:

Im Wasserbad Eier und Zucker schaumig schlagen, vom Herd nehmen und so lange weiterschlagen, bis die Masse dick und kalt ist.
Die restlichen Zutaten vorsichtig unterheben.
Eine Tortenform von 26 Zentimeter Durchmesser mit Butter ausstreichen, mit Mehl bestäuben und die Masse einfüllen.
Im vorgeheizten Rohr bei 180 Grad zirka 60 Minuten backen.

Japonais-Böden:
180 g Eiweiß
80 g Zucker

Das Eiweiß fast steif schlagen, den Zucker langsam einrieseln lassen und so lange weiterschlagen, bis die Masse sehr steif ist.

180 g feingemahlene Haselnüsse
80 g Zucker
40 g Mehl
Butter und Mehl für das Backblech

Die übrigen Zutaten unterheben und die Masse mit einer Palette auf ein gebuttertes und bemehltes Backblech streichen. Es sollen sich 2 runde Böden mit einem Durchmesser von 26 Zentimetern und einer Stärke von 4 Millimeter ergeben.
Im vorgeheizten Rohr bei 180 Grad goldgelb backen.
Die Böden noch heiß vom Blech lösen.

Vanillecreme:
80 g Zucker
3 Eigelb
0,2 l Milch
1 Vanilleschote
3 Blatt Gelatine
0,2 l Sahne
10 g Zucker
15 cl Kirschwasser

Zucker, Eigelb, Milch und das Mark der Vanilleschote gut miteinander verrühren und langsam, unter ständigem Rühren erhitzen, aber nicht zum Kochen bringen. Die eingeweichte Gelatine darin auflösen. Die Vanillecreme auf Eis stellen und unter Rühren abkühlen lassen.
Kurz vor dem Erstarren die mit Zucker geschlagene Sahne unterheben.

Fertigstellung:
Den ersten Japonais-Boden zirka 5 Millimeter dick mit Vanillecreme bestreichen, den Tortenboden darauflegen, mit dem Kirschwasser tränken, wieder 5 Millimeter Vanillecreme darüberstreichen und mit dem zweiten Japonais-Boden abdecken.
Die Torte mit der restlichen Vanillecreme rundherum bestreichen und die Seiten mit gehobelten und gerösteten Mandeln bestreuen. Auf die Oberfläche Puderzucker stäuben und mit einer Palette oder dem Messerrücken gitterartig verzieren.

Sachertorte

Zutaten:	Zubereitung:
Für 8 Stücke	
Masse:	
130 g Butter *50 g Puderzucker* *Vanillezucker* *Prise Salz* *3 Eigelb*	In einer Cromarganschüssel Butter, Puderzucker, Vanillezucker und Salz schaumig rühren, nach und nach die Eigelb zugeben.
130 g Couverture	Die Couverture fein reiben und langsam zu der Eimasse geben.
3 Eiweiß *80 g Zucker* *130 g Mehl* *60 g feingeriebene Mandeln* *Mehl und Butter für die Form*	Eiweiß und Zucker cremig aufschlagen und unter die Masse heben, Mehl durch ein Sieb geben und mit den Mandeln glatt unterrühren. Eine Tortenform mit Butter auspinseln, mit Mehl bestäuben, die Masse in die Form füllen und im vorgeheizten Backrohr zirka 50 Minuten bei 180 Grad backen.
	Fertigstellung:
150 g Aprikosenmarmelade *250 g Couverture*	Die Masse nach dem Backen auskühlen lassen, einmal durchschneiden, mit Aprikosenmarmelade dünn bestreichen, die zweite Lage aufsetzen, die restliche Marmelade erhitzen, die Sachertorte damit bestreichen und mit der im Wasserbad geschmolzenen Couverture überziehen. Mit geschlagener Sahne servieren.

Esterházyschnitten

Zutaten:
Für 15 Stücke

5 Eiweiß
160 g Zucker
1 EL Vanillezucker
160 g feingeriebene Mandeln

Zubereitung:

Eiweiß, Zucker und Vanillezucker cremig schlagen. Die Masse auf ein gebuttertes und bemehltes Blech 5 Millimeter dick ausstreichen.
Im vorgeheizten Backrohr bei 200 Grad hellbraun backen. Sofort vom Blech lösen und in 6 Zentimeter breite Streifen schneiden.

Creme:
120 g dunkle Couverture
50 g helle Couverture
3 Eiweiß
50 g Zucker
0,2 l Crème double
2 EL Rum

Helle und dunkle Couverture zerkleinern und im Wasserbad schmelzen.
Eiweiß und Zucker cremig aufschlagen. Die Crème double leicht steif schlagen, das Eiweiß unterheben und die leicht lauwarme Couverture unterziehen. Mit Rum aromatisieren.

Die Streifen der Esterhazymasse mit der Creme bestreichen, je 4 Streifen übereinanderschichten und gut auskühlen lassen.

100 g Aprikosenmarmelade

Die Aprikosenmarmelade durch ein Sieb streichen und die Oberseite damit bestreichen.

Glasur:
180 g Puderzucker
2 EL Wasser

Den Puderzucker mit dem Wasser auflösen und die Esterhazystreifen damit glasieren.

50 g dunkle Couverture

Fertigstellung:
Die Couverture erwärmen und in eine kleine Pergamenttüte füllen, damit Streifen auf die Glasur spritzen und mit einer dünnen Messerspitze quer durchziehen, etwas trocknen lassen und mit scharfem Messer in Schnitten schneiden.

Savarin mit Trauben und Weinschaum

Zutaten:
Für 15 Stücke

Zubereitung:

Hefeteig:
180 g Mehl
10 g Hefe
5 EL lauwarme Milch
80 g Butter
20 g Zucker
Salz
½ TL geriebene Zitronenschale
2 Eier

Das Mehl in eine Schüssel sieben, in die Mitte eine Vertiefung drücken, die Hefe hineinbröckeln und mit der Milch verrühren, zudecken und an einem warmen Ort gehen lassen.
Die Butter zerlassen und zusammen mit den Eiern, dem Zucker und den Gewürzen zum Teig geben, gut verrühren und kräftig durchschlagen. Der Teig darf nicht zu fest sein.
Nochmals zum Gehen an einen warmen Ort stellen.
Die Savarinformen mit Butter ausstreichen, mit Mehl bestäuben und den Teig hineingeben. Die Förmchen sollten zur Hälfte gefüllt sein. Zudecken und nochmals gehen lassen.
Backzeit: 12 bis 15 Minuten bei 180 Grad.

Sirup:
0,25 l Wasser
80 g Zucker
50 g Honig
Schale von 1 Orange
1 TL Zitronensaft
2 EL Cognac

Wasser, Zucker, Honig und abgeriebene Orangenschale aufkochen, abkühlen lassen, durch ein Sieb passieren, mit Zitronensaft und Cognac abschmecken und die Savarins damit tränken.

Trauben:
200 g kleine Weintrauben
0,125 l Wasser
60 g Zucker
½ Vanilleschote
2 EL Cognac

Die Weintrauben schälen, Wasser, Zucker und Vanilleschote etwas einkochen lassen, zur Seite stellen. Die Vanilleschote entfernen, die Trauben und den Cognac dazugeben. Alles etwas abkühlen lassen.

Weinschaum:
0,1 l Weißwein
0,1 l Marsala
100 g Zucker
2 Eier
2 Eigelb

Alle Zutaten gut miteinander verrühren und im Wasserbad cremig aufschlagen.

Fertigstellung:
Die Savarins auf Tellern anrichten, die Trauben in die Mitte geben und mit Weinschaum servieren.

Tartelettes mit karamelisierten Haselnüssen

Zutaten:	Zubereitung:
Für zirka 50 Stücke	
Mürbeteig:	
100 g Puderzucker *200 g Butter* *300 g Mehl* *1 Ei* *etwas Vanillemark*	Alle Zutaten rasch zu einem glatten Teig verarbeiten, eine halbe Stunde zugedeckt im Kühlschrank ruhen lassen.
300 g Haselnüsse *150 g Zucker* *50 g Wasser* *150 g Haselnußnougat* *50 g geriebene Pistazien*	Die Haselnüsse kurz im vorgeheizten Backofen rösten. So läßt sich die Haut durch Abreiben leichter entfernen. In einer Pfanne Haselnüsse, Zucker und Wasser mischen und bei mittlerer Hitze unter ständigem Rühren hellbraun karamelisieren, vom Feuer nehmen und mehrmals durchrühren, damit sich die Nüsse abkühlen.
	Fertigstellung:
150 g halbbittere Couverture	Mürbeteig dünn ausrollen, kleine Förmchen mit dem Teig auslegen, den Rand gut andrücken und im vorgeheizten Backrohr bei 200 Grad hellbraun backen. Aus den Förmchen stürzen, mit erwärmter Couverture ausstreichen, etwas Nougat in die Törtchen drücken und je drei karamelisierte Haselnüsse hineinsetzen. Geriebene Pistazien darüberstreuen und etwas Couverture darüberträufeln.

Zitronencremeroulade

Zutaten:
Für 15 Stücke

Zubereitung:

Biskuitteig:
6 Eier
140 g Zucker
150 g Mehl
50 g Stärke
70 g flüssige Butter

Eier und Zucker im Wasserbad aufschlagen, zur Seite stellen und weiterschlagen, bis die Masse dick ist. Mehl, Stärke und Butter unterheben.

Butter für das Blech

Das Blech mit Butter ausstreichen und mit Backpapier auslegen. Die Masse darauf ausstreichen und im vorgeheizten Rohr bei 200 Grad zirka 15 Minuten backen.

Zitronencreme:
80 g Zucker
60 g Weißwein
3 Eigelb
Saft und Schale von 2 Zitronen
4 Blatt Gelatine
0,4 l süße Sahne

Zucker, Weißwein, Eigelb, Zitronensaft und abgeriebene Zitronenschale unter ständigem Rühren zum Kochen bringen, vom Herd nehmen und mit dem Schneebesen so lange rühren, bis eine dicke Masse entsteht.

Die eingeweichte und gut ausgedrückte Gelatine dazugeben. Die Masse durch ein Sieb streichen, unter ständigem Rühren abkühlen lassen und vorsichtig die geschlagene Sahne unterheben.

Fertigstellung:
Den Biskuitteig rasch auf ein mit Kristallzucker bestreutes Backpapier stürzen und die Zitronencreme daraufstreichen. Aufrollen und mit einem scharfen Messer in Scheiben schneiden.

Birnenkuchen mit Brösel

Zutaten:	Zubereitung:
Für 4 Personen	
Teig:	
350 g Blätterteig	Den Blätterteig 1½ Millimeter dick ausrollen und im Kühlschrank eine Stunde ruhen lassen. Aus dem Teig runde Scheiben von 15 Zentimeter Durchmesser ausstechen.
Belag:	
30 g Marzipanrohmasse *1 EL gemahlene Haselnüsse* *4 gut reife Birnen* *2 EL Aprikosen-marmelade*	Marzipan, Haselnüsse und einen Eßlöffel Wasser gut miteinander vermischen. Die Marzipanmasse dünn auf die Teigböden streichen. Die Birnen schälen, halbieren und das Kerngehäuse entfernen. Dünn aufschneiden und die Birnen fächerförmig auf die Böden schichten. Die Aprikosenmarmelade mit einem Eßlöffel Wasser leicht erwärmen und glattrühren. Die Birnenkuchen bei 220 Grad etwa 20 Minuten backen und anschließend mit der Marmelade überziehen.
Rumsahne:	**Fertigstellung:**
0,25 l süße Sahne *1 EL Zucker* *3 EL Rum*	Die Sahne halbsteif schlagen und mit Zucker und Rum aromatisieren.
Butterbrösel:	
60 g Butter *50 g Semmelbrösel* *40 g Zucker* *½ TL Zimt*	Die Butter schmelzen und die Brösel darin goldgelb rösten, Zucker und Zimt einrühren. Die Birnenkuchen auf große Teller geben, mit Butterbrösel bestreuen und mit der Rumsahne umgießen.

Zitronenherzen

Zutaten:
Für zirka 50 Stück

3 Eigelb
120 g Zucker
1 Vanillezucker
Saft und Schale von 1 Zitrone
250 g Haselnüsse
Puderzucker zum Ausrollen
Butter für das Blech

Zubereitung:

Eigelb, Zucker und Vanillezucker cremig rühren, den Zitronensaft und die abgeriebene Zitronenschale zusammen mit den Haselnüssen dazugeben, durchkneten.

Den Teig dünn auf Puderzucker ausrollen, kleine Herzen ausstechen und auf das bebutterte Backblech legen.
Im vorgeheizten Rohr bei 200 Grad rasch goldgelb backen.

Guß:
100 g Puderzucker
1–2 EL Zitronensaft

Fertigstellung:
Den Puderzucker durch ein Sieb seihen und mit dem Zitronensaft verrühren. Die gebackenen Zitronenherzen mit der Zitronenglasur bepinseln und trocknen lassen.

Walnuß-Marzipan-Pralinen

Zutaten:
Für ca. 20 Stück

200 g Marzipan
100 g geriebene Walnüsse
3 EL Benedictine
Puderzucker zum Ausrollen

200 g helle Couverture
einige schöne Walnüsse

Zubereitung:

Marzipan und geriebene Walnüsse mit dem Benedictine zu einem festen Teig verkneten. Diese Masse auf Puderzucker zirka einen Zentimeter dick ausrollen und kleine runde Taler ausstechen.

Die Couverture im Wasserbad erwärmen, die Marzipantaler damit überziehen und je eine schöne Walnuß daraufsetzen. Auf ein Gitter zum Abtropfen setzen und anschließend in Pralinenkapseln legen.

Bis zum Verzehr in einer luftdicht verschlossenen Dose aufbewahren.

Mokka-Spritzgebäck

Zutaten:
Für zirka 35 Stück

160 g Butter
80 g Puderzucker
1 Ei
2 EL Rum
2 EL Instantkaffee
60 g feingemahlene Mandeln
1 EL Kakaopulver
150 g Mehl

Zubereitung:

Butter, Zucker und Ei schaumig rühren, den in Rum aufgelösten Instantkaffee und alle übrigen Zutaten hinzugeben und gut miteinander vermischen.
Diese Masse in einen Spritzbeutel mit mittlerer Lochtülle füllen. Auf ein gefettetes und bemehltes Blech kleine Halbmonde spritzen und im vorgeheizten Backrohr bei 200 Grad zirka 5 Minuten backen, vom Blech lösen.

Fülle:
120 g Nußnougat
120 g dunkle Couverture

Das Nußnougat erwärmen, glattrühren und die Hälfte der Halbmonde damit bestreichen, die andere Hälfte daraufsetzen. Die Couverture im Wasserbad schmelzen und die gefüllten Halbmonde mit jeder Spitze in die Glasur tauchen. Zum Trocknen auf ein Kuchengitter legen.

Früchtedrinks

Strawberry Tequila

3 cl	*Zitronensaft (frisch gepreßt)*
2 cl	*Erdbeersirup*
5	*Barlöffel frisches Erdbeermus (entspricht etwa 4 größeren Erdbeeren)*
4 cl	*Tequila Silla*
1	*Prise Salz*
1	*Prise grüner Pfeffer*

Zubereitung:
Alle Zutaten mit etwas crushed ice im Mixer gut durchmixen und in das vorgekühlte Glas gießen.

Dekoration:
Eine halbe Erdbeere.

Vivaldi

1 cl	*Williamsbirne Z*
2 cl	*Zuckersirup*
½	*reife Williamsbirne (gelb oder rötlich, ohne Kerne und Schale)*

Zubereitung:
Die Zutaten mit ganz wenig crushed ice und einem kleinen Schuß Champagner im Mixer durchmixen, in das vorgekühlte Glas gießen und mit wenig gekühltem Champagner auffüllen.

Passion Flower

2	*reife Passionsfrüchte*
2	*Barlöffel Erdbeersirup*
5 cl	*Wodka Moskovskaya (kalt)*

Zubereitung:
Die Passionsfrüchte halbieren und das ganze Fruchtfleisch aushöhlen. Das Fruchtfleisch zusammen mit dem Erdbeersirup und dem Wodka im Shaker kräftig schütteln und in das vorgekühlte Glas absieben.

Melody

1/5	*Ogenmelone (ohne Schale und Kerne)*
2	*Barlöffel Zuckersirup*
1	*Barlöffel Bananenlikör*

Zubereitung:
Die Zutaten mit ganz wenig crushed ice im Mixer durchmixen, in das vorgekühlte Glas gießen und vorsichtig mit gekühltem Champagner auffüllen.

Ernsts Ananas-Daiquiri

3 cl	*Zitronensaft (frisch gepreßt)*
2 cl	*Ananassirup*
5 cl	*Lamb's pale gold Rum*
1	*Scheibe frische Ananas (ca. 1 cm dick)*

Zubereitung:
Alle Zutaten (Ananas von Schale und Strunk befreit und in Stücke geschnitten) mit crushed ice im Mixer kräftig durchmixen und anschließend in das mit crushed ice gefüllte Glas gießen.

Dekoration:
Ein Stück Ananas.

Ernsts Himbeer-Daiquiri

3 cl	*Zitronensaft (frisch gepreßt)*
2 cl	*Himbeersirup*
15	*reife Himbeeren (ergeben 5 Barlöffel Himbeermus)*
5 cl	*Lamb's pale gold Rum*

Zubereitung:
Alle Zutaten (Himbeeren durch ein Sieb streichen) im Mixer durchmixen, anschließend in das mit crushed ice gefüllte Glas gießen.

Dekoration:
Ein Zweiglein frische Minze.

Picasso

0,5 cl	*Zitronensaft (frisch gepreßt)*
1 cl	*Preiselbeersirup*
2 cl	*Zuckersirup*
10	*Rispen rote Johannisbeeren (durch ein Sieb streichen)*

Zubereitung:
Alle Zutaten im Mixer mit ganz wenig crushed ice und einem kleinen Schuß Champagner durchmixen, in das vorgekühlte Glas gießen und mit gekühltem Champagner auffüllen.

Expectation

2 cl	*Zitronensaft (frisch gepreßt)*
1 cl	*Mandelsirup*
4 cl	*Grapefruitsaft (frisch gepreßt)*
4 cl	*Aperol*
1	*dünne Scheibe Wassermelone (von Schale und Kernen befreit)*

Zubereitung:
Alle Zutaten bis auf den Aperol in den Mixer geben und durchmixen, in den Shaker füllen, Aperol dazugeben und alles zusammen im Shaker schütteln. Anschließend in das vorgekühlte Glas absieben.

Dekoration:
Eine Kugel Wassermelone mit Parisienne-Stecher ausstechen und zusammen mit einem Zweiglein frischer Minze garnieren.

Papageno

2 cl	*Zitronensaft (frisch gepreßt)*
4 cl	*Orangensaft (frisch gepreßt)*
1 cl	*Zuckersirup*
1 cl	*Grenadine*
4 cl	*Gin Beefeater*
¼	*frische, reife Papaya (ohne Schale und Kerne)*

Zubereitung:
Alle Zutaten mit etwas crushed ice im Mixer kräftig durchmixen und in das vorgekühlte Glas gießen.

Figaro

1 cl	*Zitronensaft (frisch gepreßt)*
2 cl	*Zuckersirup*
3	*reife Feigen (ergeben 5 Barlöffel Feigenmus)*

Zubereitung:
Alle Zutaten (die Feigen schälen und durch ein Sieb streichen) mit ganz wenig crushed ice und einem kleinen Schuß Champagner im Mixer durchmixen, in das vorgekühlte Glas gießen und mit wenig gekühltem Champagner auffüllen.

Caipirinha à Ernesto

1	*reife Limette (unbehandelt)*
30–40 g	*flüssigen Honig*
6 cl	*Pitù (kalt)*

Zubereitung:
Die Limette mit der Hand weichdrücken, in Achtel schneiden und in einen Tumbler geben, mit einem kleinen Mörser die Limettenschnitze zerdrücken. Auf die ausgepreßten Limettenstücke den Honig geben und diese beiden Zutaten solange verrühren, bis der Honig vollständig aufgelöst ist. Den Pitù dazugeben, mit kleinen Eisstükken bis zum Glasrand auffüllen. Abschließend den fertig zubereiteten Drink nochmals gut durchrühren.

Ernest's Exotic

1,5 cl	*Zitronensaft (frisch gepreßt)*
1,5 cl	*Mangosirup*
0,5 cl	*Zuckersirup*
1/4	*frische, reife Mango (geschält)*

Zubereitung:
Alle Zutaten mit etwas crushed ice und einem kleinen Schuß Champagner im Mixer durchmixen, in das vorgekühlte Glas gießen und mit gekühltem Champagner auffüllen.

Lychee Dream

4 cl	*chinesischen Lycheewein*
1	*Spritzer Zitronensaft (frisch gepreßt)*
5	*frische, reife Lychees (ohne Schale und Kern)*

Zubereitung:
Alle Zutaten mit ganz wenig crushed ice und einem kleinen Schuß Champagner im Mixer durchmixen, in ein gekühltes Glas gießen und mit wenig gekühltem Champagner auffüllen.

PS: Ich empfehle die Verwendung von Riemerschmid-Sirups.

Zuckersirup wird hergestellt, indem die gleiche Menge Wasser mit gleicher Menge Zucker aufgekocht wird.

Grundrezepte

Nudelteig

Zutaten:
Für 4 Personen

250 g Mehl
50 g Hartweizengrieß, grob
3 Eier
20 g Olivenöl
10 g Salz

Zubereitung:

Alle Zutaten miteinander mischen und so lange kneten, bis der Teig vollkommen glatt ist.
Zu einer Kugel formen, mit Klarsichtfolie fest abdecken und im Kühlschrank eine Stunde ruhen lassen; der Teig läßt sich anschließend besser verarbeiten.
Er wird dann dünn ausgerollt und in feine Streifen geschnitten oder durch die Nudelmaschine gedreht, was immer bessere und gleichmäßigere Nudeln ergibt.
Die geschnittenen Nudeln auf einem Tablett zirka eine halbe Stunde antrocknen lassen.

Brioche

Zutaten:
Für zirka 15 Scheiben

380 g Mehl
26 g Hefe
170 ccm Milch
15 g Zucker
6 Eigelb
7 g Salz
70 g zerlassene Butter

Zubereitung:

Das Mehl in eine Schüssel sieben. Hefe und Zucker in der lauwarmen Milch auflösen und zugeben. Dann Eigelb und Salz unterrühren, zum Schluß die Butter dazugeben und das Ganze mit einem Knetwerk bei hoher Tourenzahl zu einem geschmeidigen Teig schlagen.
Den Teig zu einer Kugel formen, mit einem Küchentuch bedecken und zirka eine halbe bis eine Stunde gehen lassen, bis sich sein Volumen verdoppelt hat.
Eine Kastenform von etwa 35 Zentimeter Länge gut ausbuttern und mit Mehl bestäuben.
Den Teig auf einem bemehlten Tisch noch einmal kräftig durcharbeiten und als dicke Rolle in die Kastenform legen. Wieder gehen lassen bis zur doppelten Größe.
Die Oberfläche der Brioche sanft mit Eigelb bestreichen.
Die Form in das vorgeheizte Rohr schieben und bei 220 Grad backen, bis die Oberfläche braun ist. Dann mit Alufolie abdecken, die Hitze auf 200 Grad herunterschalten und weitere 60 Minuten backen.
Die Brioche soll am Ende recht trocken sein.
Nun aus der Form lösen und auf einem Kuchengitter abkühlen lassen.

Blätterteig

Zutaten:
Für zirka 1 kg Teig

Zubereitung:

410 g Mehl, 10 g Salz
155 ccm Wasser
1 Eigelb

Alle Zutaten zu einem glatten Teig verkneten und zirka 20 Minuten kühl stellen.

Buttermischung:
510 g Butter
100 g Mehl

Butter und Mehl gut verkneten und kühl stellen. Vermeiden Sie jegliche Wärmeeinflüsse. Der Teig und die Buttermischung müssen sehr kalt sein. Wenn möglich, in einer kalten Küche auf einer kalten Unterlage (Marmorplatte) arbeiten.
Den Teig auf der Arbeitsfläche zu einem runden Fladen von zirka 3 Zentimeter Dicke ausrollen, in die Mitte die Buttermischung setzen und zu einem Quadrat austreiben, das bis auf 4 Zentimeter an den Rand der Teigfläche reicht. Die 4 überstehenden Teiglappen über die Butter schlagen, so daß diese vollkommen eingeschlossen ist. Dieses Paket wieder kühl stellen.
Nun den Teig auf der bemehlten Arbeitsfläche zu einem Rechteck von 1,5 Zentimeter Dicke ausrollen und zur Hälfte zusammenklappen. Um 90 Grad drehen – die Bruchkante liegt jetzt rechts oder links –, wieder zu einem Rechteck rollen und erneut zur Hälfte zusammenklappen.
Nach jedem Falten das überschüssige Mehl mit einem Pinsel abstäuben und die Teigschichten mit dem Nudelholz plattdrücken. Erneut kühl stellen.
Nach dieser Kühlung wird das Teigpaket zu einem Rechteck von 60 Zentimeter Länge gerollt und in drei Schichten gefaltet. Dazu teilen Sie die Teigplatte in Gedanken in 3 Teile. Schlagen Sie nun zuerst das rechte äußere Drittel über das mittlere und dann das linke. Mit dem Rollholz wieder gut andrücken.
Nun das Teigpaket wiederum um 90 Grad drehen und den Vorgang, den man »Touren« nennt, wiederholen.
Nachdem der Teig nun nochmals 20 Minuten im Kühlschrank geruht hat, kann man ihn verarbeiten.
Sie können die Menge leicht verdoppeln; der Arbeitsaufwand bleibt sich gleich. Aber Sie können dann schnell und öfter über diese Köstlichkeit verfügen, denn der Blätterteig läßt sich gut einfrieren.

Bemerkung:

Das Aufgehen des Teiges beim Backen (das »Blättern«) wird um so besser gelingen, je sorgfältiger Sie die Arbeitsgänge ausführen.

Rotweinsauce

Zutaten:
Für zirka 2 Liter

10 große rote Zwiebeln, geschält
100 ccm Olivenöl
1 EL Zucker
2 l Rotwein
1 Bund Thymian
2 Zweige Rosmarin
1 Knoblauchzehe, ungeschält
30 Lorbeerblätter
Salz
2 l Kalbjus, braun
80 g Butter

Zubereitung:

In einem Cromargantopf (Fassungsvermögen 6 Liter) das Olivenöl erhitzen, Zucker zugeben. Die Zwiebeln halbieren und darin leicht glasieren. Mit dem Rotwein auffüllen, sämtliche Gewürze zufügen und langsam auf ein Viertel einkochen (Kochzeit etwa 1 bis 1½ Stunden).
Mit dem braunen Kalbsjus auffüllen, salzen, noch eine halbe Stunde leicht köcheln lassen, durch ein Sieb gießen und die Zwiebeln gut ausdrücken.
Bei Gebrauch noch abschmecken. Reichen Sie die Sauce zu Fleisch, würzen Sie mit Salz, Pfeffer und Rotwein, zu Fisch entfällt der Rotwein. Immer mit der Butter binden.

Consommé (Rinderkraftbrühe)

Zutaten:
Für zirka 2 Liter

2 kg Rinderknochen
3 l Wasser
Salz
1 Karotte
1 Stück Lauch
1 Stück Staudensellerie
1 Zweig Liebstöckel
1 Zwiebel

Zubereitung:

Die Knochen in kochendem Salzwasser blanchieren, abgießen und mit kaltem Wasser so lange abspülen, bis sie abgekühlt sind und das Wasser klar bleibt! Auf einem Sieb abtropfen lassen.

Die Knochen in einen hohen Topf geben, 3 Liter kaltes Wasser darübergießen, salzen und zum Kochen bringen. Mit einem Schöpflöffel den aufsteigenden Schaum abnehmen. Dann die Hitze reduzieren und auf kleinem Feuer etwa 3 Stunden köcheln lassen.

Nun das geputzte und in grobe Würfel geschnittene Gemüse und den Liebstöckel hineingeben. Die Zwiebel halbieren, die Schnittflächen auf der heißen Herdplatte bräunen und ebenfalls zufügen. Nochmals eine Stunde köcheln lassen. Danach durch ein Sieb abschütten und zum Abkühlen in den Kühlschrank stellen.

Geflügelfond blanc

Zutaten:
Für zirka 1 Liter

1 Suppenhuhn 800 g oder
1 kg Geflügelknochen
30 g Butter
1 Stück Staudensellerie
1 Stück Lauch
1 Karotte
1 Schalotte
Salz
6 Pfefferkörner, weiß
½ Lorbeerblatt
100 ccm trockenen Weißwein
1,5 l Wasser

Zubereitung:

Das Suppenhuhn halbieren oder die Karkassen kleinhacken. In einem hohen Topf die Butter schmelzen, das Huhn oder die Hühnerknochen, die geputzten, in grobe Würfel geschnittenen Gemüse darin anschwitzen, ohne daß sie Farbe annehmen. Leicht salzen, Lorbeerblatt und Pfefferkörner zugeben und mit dem Weißwein ablöschen.
Völlig abkühlen lassen! Das ist wichtig, damit der Fond später klar wird. Nun mit dem kalten Wasser auffüllen, auf großer Flamme zum Kochen bringen, Hitze dann reduzieren und zirka 2 Stunden ganz langsam köcheln lassen. Von Zeit zu Zeit den Schaum abnehmen, der sich auf der Oberfläche absetzt. Anschließend durch ein Sieb abgießen und abkühlen lassen.

Fond blanc (Kalbsfond)

Zutaten:
Für zirka 2 Liter

2 kg Kalbsknochen und Parüren
60 g Butter
1 Stück Staudensellerie
1 Stange Lauch
2 Karotten
2 Schalotten
Salz
1 Lorbeerblatt
10 Pfefferkörner, weiß
0,2 l Weißwein
3 l Wasser

Zubereitung:

Die Knochen vom Metzger in möglichst kleine Stücke hacken lassen. In einem hohen Topf die Butter schmelzen und die Knochen, Parüren, das geputzte und in grobe Würfel geschnittene Gemüse darin anschwitzen, ohne daß es Farbe annimmt. Salzen, Lorbeerblatt und Pfefferkörner zugeben und mit dem Weißwein ablöschen.
Diesen Ansatz völlig abkühlen lassen, sonst wird später der Fond nicht klar.
Mit dem kalten Wasser auffüllen, zum Kochen bringen, Hitze sofort reduzieren und 2 Stunden auf sehr kleiner Flamme köcheln lassen.
Durch ein Sieb abgießen, abkühlen lassen und portionsweise frosten.

Fischfond (Fumet de Poisson)

Zutaten:
Für zirka 1 Liter

500 g Fischgräten
30 g Butter
2 Schalotten
2 Champignons
1 Stück Lauch
1 Stück Staudensellerie
1 Tomate, gehäutet und entkernt
¼ Zitrone
6 Pfefferkörner, weiß
1 Thymianzweig
1 Zweig Petersilie
Salz
0,25 l trockenen Weißwein
1 l Wasser

Zubereitung:

Die Fischgräten unter kaltem Wasser abspülen und abtropfen lassen.
Gemüse putzen, waschen und in grobe Würfel schneiden.
Butter in einem Topf schmelzen lassen, die Gemüse mit der Zitrone und den Gewürzen darin anschwitzen. Dann die Fischgräten zugeben, salzen, mit dem Weißwein ablöschen und mit dem Wasser auffüllen.
Zirka 20 bis 25 Minuten leicht köcheln lassen und öfter abschäumen. Dann durch ein Sieb abschütten, abkühlen lassen und portionsweise einfrieren.

Brauner Lammfond (Jus d'Agneau)

Zutaten:
Für zirka 1 Liter

1 kg Lammknochen, vom Metzger hacken lassen
Öl zum Anbraten
2 EL Tomatenmark
1 Zwiebel
1 Stück Staudensellerie
2 Tomaten
4 Petersilienstengel
1 Zweig Rosmarin
2 Lorbeerblätter
10 g Pfefferkörner, weiß
Salz
30 g Butter
100 ccm Weißwein
5 EL Madeira
2 l Wasser

Zubereitung:

Das Öl in einem Brattopf mit weitem Boden heiß werden lassen, Knochen zugeben und im heißen Backrohr Farbe annehmen lassen. Tomatenmark zugeben und 5 Minuten durchrösten.
Die grob gewürfelten Tomaten, Gemüse, Gewürze und Kräuter zufügen, leicht salzen. Butter untermischen und bei offener Tür und reduzierter Hitze weitere 15 Minuten im Ofen lassen.
Öfter umrühren und den Belag vom Boden schaben, damit alles eine dunkle Farbe bekommt, ohne zu verbrennen.
Mit Weißwein und Madeira ablöschen und völlig abkühlen lassen. Das ist wichtig, weil der Fond sonst nicht klar wird.
Mit dem kalten Wasser aufgießen und zum Kochen bringen.
In einen Topf umfüllen und zirka 3 Stunden auf dem Herd ganz langsam köcheln lassen. Zwischendurch immer wieder abschäumen und entfetten.
Am Ende der Kochzeit mit Salz abschmecken, durch ein Sieb abgießen, abkühlen lassen und portionsweise frosten.

Brauner Wildfond (Jus de Gibier)

Zutaten:
Für zirka 1,5 Liter

1 kg Wildknochen und Parüren

Marinade:
2 Zwiebeln
2 Karotten
2 Schalotten
3 Petersilienstengel
1 Stück Lauch
1 Thymianzweig
2 Lorbeerblätter
2 Nelken
10 Pfefferkörner
10 Korianderkörner
10 Wacholderbeeren
2 EL Rotweinessig
Salz
1 l Rotwein
1 Knoblauchzehe

Fond:
4 EL Öl zum Anbraten
Salz
1 l Rotwein
6 g Pfefferkörner, weiß
20 Wacholderbeeren
2 Lorbeerblätter
3 Egerlinge (oder Champignons)
3 EL Rotweinessig
1 l Wasser
½ EL Preiselbeeren

Zubereitung:

Die Wildknochen möglichst klein hacken.

Aus den Zutaten eine Marinade machen und die Knochen und Parüren darin 2 Tage einlegen. Dann durch ein Sieb abgießen, die Marinade zur Seite stellen, die Knochen zum Abtropfen auf Küchenkrepp legen.
Die Hälfte des Öls in einem Brattopf mit weitem Boden heiß werden lassen, die marinierten Knochen und Parüren mit den festen Bestandteilen der Marinade darin gut anrösten und leicht salzen. Mit etwas Rotwein ablöschen und die Flüssigkeit einkochen lassen.
Diesen Vorgang wiederholen, bis drei Viertel des Rotweins verbraucht sind. Die weißen Pfefferkörner zerdrücken und in dem restlichen Öl anbraten. Nun die ebenfalls zerdrückten Wacholderbeeren, Lorbeerblätter, Pilze, Preiselbeeren und den Essig zufügen.
Mit dem Wasser, dem restlichen Rotwein und der Hälfte der abgeseihten Marinade aufkochen und etwa eine Stunde langsam köcheln lassen.
Immer wieder den Schaum und andere Unreinheiten von der Oberfläche abnehmen.

Anschließend durch ein Sieb abgießen, nach Bedarf verwenden oder portionsweise frosten.

Brauner Kalbsfond (Jus de Veau)

Zutaten:
Für zirka 1 Liter

1 kg Kalbsknochen, vom Metzger hacken lassen
Öl zum Anbraten
2 TL Tomatenmark
1 Zwiebel
1 Stück Staudensellerie
2 Tomaten
4 Petersilienstengel
1 Zweig Rosmarin
2 Lorbeerblätter
10 Pfefferkörner, weiß
Salz
30 g Butter
100 ccm Weißwein
5 EL Madeira
2 l Wasser

Zubereitung:

Das Öl in einem Brattopf mit weitem Boden heiß werden lassen, Knochen zugeben und im heißen Backrohr Farbe annehmen lassen. Tomatenmark zugeben und 5 Minuten durchrösten lassen. Die grob gewürfelten Gemüse, Kräuter, Tomaten und Gewürze zufügen, salzen, Butter beimischen und bei offener Ofentür und reduzierter Hitze noch 15 Minuten im Rohr lassen. Öfter umrühren und den Belag vom Boden loskratzen, damit alles eine dunkle Farbe bekommt, ohne zu verbrennen.
Mit Weißwein und Madeira ablöschen und völlig abkühlen lassen. Das ist wichtig, weil der Fond sonst später nicht klar wird.
Mit kaltem Wasser aufgießen, zum Kochen bringen.
In einen Topf umfüllen und auf dem Herd etwa 35 Minuten köcheln lassen, dabei öfter abschäumen und entfetten.
Zum Schluß mit Salz abschmecken, durch ein Sieb gießen, abkühlen lassen und portionsweise frosten.

Brauner Geflügelfond (Jus de Volaille)

Zutaten:
Für zirka 1 Liter

1 kg Geflügelklein
Öl zum Anbraten
1 EL Tomatenmark
1 Stück Staudensellerie
2 Tomaten
1 Zwiebel
4 Petersilienstengel
1 kleinen Rosmarinzweig
1 Lorbeerblatt
10 g Pfefferkörner, weiß
Salz
20 g Butter
100 ccm Weißwein
5 EL Madeira
2 l Wasser

Zubereitung:

Das Öl in einem Brattopf mit einem möglichst weiten Boden heiß werden lassen. Knochen hineingeben und im heißen Backrohr Farbe annehmen lassen. Tomatenmark einrühren und 5 Minuten durchrösten.
Das grob gewürfelte Gemüse, Kräuter, Tomaten und Gewürze zugeben, leicht salzen, die Butter untermischen und bei offener Türe und reduzierter Hitze weitere 15 Minuten im Rohr lassen.
Öfter umrühren und den Belag vom Boden loskratzen, damit alles eine dunkle Farbe bekommt, ohne zu verbrennen.
Mit Weißwein und Madeira ablöschen und völlig abkühlen lassen, damit der Fond später klar wird.
Mit dem kalten Wasser aufgießen, zum Kochen bringen, in einen Topf umfüllen und auf dem Herd zirka 3 Stunden ganz langsam köcheln lassen.
Zwischendurch immer wieder abschäumen und entfetten.
Nach Ende der Kochzeit mit Salz abschmecken, durch ein Sieb abgießen, abkühlen lassen und portionsweise einfrieren.

Kleines Lexikon der Kräuter und Pflanzen

von Dr. Robert M. Bachmann

Ananas

(Ananas sativus)

Aussehen und Geschmack:
In Mittel- und Südamerika sowie in Westindien dürfte die Ananas ihre Heimat haben, aber auch im tropischen Afrika, in Asien und selbst auf den Kanarischen Inseln baut man Ananas an. Die Ananas gehört zu den Bromeliengewächsen. Die Frucht sieht aus wie ein Zapfen. Sie hat eine rauhe, goldbraune Rinde, die nicht zum Verzehr geeignet ist, und eine stachelige Blattrosette. Das reife, gelbe Fleisch der Ananas ist sehr saftig, duftet aromatisch und hat einen süß-säuerlichen Geschmack.

Inhaltsstoffe:
Der wichtigste Wirkstoff ist das Bromelin, ein eiweißspaltendes Enzym, das die gestörte Eiweißverdauung normalisiert und verbessert. Daneben sind Zucker, Vitamin C, Mineralstoffe und Fruchtsäuren, Vanillin und geringe Mengen ätherisches Öl in der Ananas vorhanden.

Heilwirkung:
Ananas liefert Mineralstoffe und Vitamine für den Aufbau des Organismus. Das in ihr enthaltene Bromelin wird den verschiedensten Präparaten gegen Magen- und Darmbeschwerden zugesetzt, weil es die Eiweißverdauung fördert. Aber auch der Ananassaft, frisch oder vergoren, dient als Verdauungshilfe.

Verwendung:
Man verwendet am besten die frische Frucht. Den Saft kann man pur trinken oder in Mixgetränken. Ananas schmeckt als Dessert und Obstsalat, in Geflügel-, Wild-, Krabben- oder Hummersalat, in Sauerkraut, zu Toast und Schinken, in Endiviensalat, zu Chicorée, Gurken oder Sellerie.

Anis

(Pimpinella anisum)

Aussehen und Geschmack:
Anis gehört zur Familie der Doldengewächse und ist ein einjähriges Kraut, das etwa 50 Zentimeter hoch wird. Man verwendet die reifen Spaltfrüchte, die klein und halbmondförmig sind. Sie riechen und schmecken sehr würzig und aromatisch und sind dabei gleichzeitig süß.

Inhaltsstoffe:
Anisfrüchte enthalten ätherisches Öl, das sogenannte Anisöl, mit den Hauptinhaltsstoffen Anisaldehyd und Anethol, daneben fettes Öl, Cholin, Eiweiß und Schleimstoffe.

Heilwirkung:
Zum einen reizt Anisaldehyd mild die Schleimhaut und wirkt so schleimlösend. Als Hustenmittel eingesetzt, leistet Anis gute Dienste. Zum anderen ist Anis – ähnlich wie Kümmel und Fenchel – ein Mittel, das den Magen kräftigt und krampfstillend bei Blähungen wirkt. Anethol desinfiziert und hat einen anästhesierenden, gering schmerzlindernden Effekt.

Verwendung:
Man verwendet Anis meist in süßen Speisen wie Gebäck, Kuchen, Aufläufe, Obstsuppen und Pudding. Zusammen mit Kümmel und Fenchel paßt es auch hervorragend in ein gewürztes Brot. Zu Gemüsen wie Rotkohl, Gurken und Karotten sowie Salaten paßt es ebenfalls.

Apfel

(Pyrus malus)

Aussehen und Geschmack:
Der Apfel gehört zur Familie der Rosengewächse. Aus dem Fruchtknoten entsteht das Kernhaus mit den stabilen Fruchtfächern. Um dieses Kernhaus herum bildet der wuchernde Kelchgrund eine Scheinfrucht; sie ist rund, länglich oder glockenförmig und von roter, gelber oder grüner Farbe. Das knackig-feste Fruchtfleisch hat verschiedene Geschmacksrichtungen von saftig-süß bis erfrischend-herb.

Inhaltsstoffe:
Im Apfel sind folgende Stoffe enthalten: Karotin als Vorstufe des Vitamins A, Vitamin C, Vitamin B1 und B2, Niazin sowie viele Mineralstoffe und Spurenelemente wie Natrium, Kalium, Magnesium, Kalzium, Eisen, Phosphor. Außerdem sind Kohlenhydrate, in kleineren Mengen Eiweiß und Fett sowie Fruchtsäuren enthalten.

Heilwirkung:
Durch das Hineinbeißen in einen Apfel kann man seine Zähne auf natürliche Art reinigen. Der Apfel regt den Stoffwechsel an, wirkt verdauungsfördernd und cholesterinsenkend durch den Ballaststoffgehalt. Bei Rheuma und Gicht, Leber- und Gallenleiden ist der Verzehr von Äpfeln empfehlenswert. Wegen des Eisengehaltes dient der Apfel unterstützend bei der Blutbildung. Bei Kindern helfen geriebene Äpfel gegen Durchfall.

Verwendung:
Äpfel kann man als Frischobst, Brat-, Koch- und Dörrobst, als Kompott, Marmelade, Gelee und in flüssiger Form als Sirup, Saft, Obstwein, Likör oder Branntwein verwenden. Auch Essig läßt sich aus Äpfeln herstellen sowie ein wunderbarer Apfelkuchen.

Basilikum

(Ocimum basilicum)

Aussehen und Geschmack:
Das Basilikum ist eine einjährige Pflanze und kann bis zu 50 Zentimeter hoch werden. Zum Würzen verwendet man die Blätter oder aber das ganze Kraut, das nach der Blüte geerntet wird. Man sollte es frisch, nur im Notfall getrocknet verwenden. Basilikum ist im frischen Zustand sehr würzintensiv und riecht aromatisch. Es schmeckt kühl-würzig, etwas pfefferartig, deshalb wohl auch der Beiname »Pfefferkraut«.

Inhaltsstoffe:
Basilikum enthält in erster Linie ätherisches Öl und Gerbstoffe, aber auch Bitterstoffe, Mineralsalze und Enzyme; verwendet man es frisch, auch Vitamine.

Heilwirkung:
Es regt die Verdauung an, löst Magenkrämpfe und beseitigt Blähungen. Fette Speisen wie Gänse- oder Entenbraten werden durch das Basilikum leichter verdaulich. Es wirkt ferner gegen Appetitlosigkeit, nervöse Unruhe und Schlaflosigkeit.

Verwendung:
Man verwendet es gern in Suppen und an Gemüse; auch Fleischgerichte, besonders mit Lamm- oder Hammelfleisch, lassen sich hervorragend mit Basilikum würzen. Basilikum ist ein typisches Gewürz der südeuropäischen Küche, vor allem der italienischen. Aber auch in der thailändischen Küche ist es bekannt.

Beifuß
(Artemisia vulgaris)

Aussehen und Geschmack:
Beifuß ist ein Unkraut, das bei uns häufig an Wegrändern und Zäunen zu finden ist und bis zu 1,50 Meter hoch werden kann. Während der Blütezeit von etwa Juni bis September werden die Zweigspitzen geschnitten, gebündelt und zum Trocknen aufgehangen. Beifuß riecht angenehm aromatisch und schmeckt leicht bitter. Die meisten Bitterstoffe sind in den Blättern enthalten. Der Beifuß ist verwandt mit dem Wermut.
Inhaltsstoffe:
Bitterstoffe, ätherisches Öl und Harze sind die wichtigsten Wirkstoffe.
Heilwirkung:
Beifuß regt vornehmlich Magen und Darm an, produziert Verdauungssäfte und macht viele Speisen bekömmlicher. Beifuß neutralisiert schwer verdauliche Fette und vermindert Blähungen. Magenschonkost wird durch ihn delikater.
Verwendung:
Beifuß verwendet man hauptsächlich zum Würzen von fettem Fleisch wie Gans, Ente, Schweine- und Hammelfleisch, aber auch zu fettem Fisch wie Aal paßt er ausgezeichnet, in kleinen Mengen sogar zu Gemüse.

Berberitze oder Sauerdorn
(Berberis vulgaris)

Aussehen und Geschmack:
Aus Afrika gelangte über Spanien die Berberitze zu uns. Der dornige Strauch mit den kleinen gelben, in Trauben hängenden Blüten, die nach der Befruchtung leuchtend rote Beeren bilden, wird etwa vier Meter hoch. Im August und September sind die Früchte, die einen herb-säuerlichen Geschmack haben, reif und können gesammelt werden.
Inhaltsstoffe:
In den Früchten findet man Vitamin C, Zucker und Fruchtsäuren, daneben reichlich Mineralstoffe und Spurenelemente. In den Blättern und der Wurzelrinde sind unter anderem Berberin, Bitterstoffe und Harz enthalten.
Heilwirkung:
Ein Tee aus den Blättern oder der Wurzelrinde wirkt bei Leberstauungen, ungenügender Gallebildung und Appetitlosigkeit.
Verwendung:
Frisch verwendet man die Berberitze zu Saft, Gelee und Marmelade, aber auch Schnaps kann man aus der Berberitze herstellen. Getrocknet werden die Früchte zu Pulver verarbeitet. Man würzt damit Wild und anderes gebratenes Fleisch. Auch als Tee wird die Berberitze verwendet.

Bohnenkraut

(Satureja hortensis)

Aussehen und Geschmack:
Das Bohnenkraut gehört zur Familie der Lippenblütengewächse und wird etwa 30 bis 40 Zentimeter hoch. Man sollte das Kraut während der Blütezeit, die je nach Lage von Juli bis September stattfindet, ernten und es an der Luft trocknen. Man kann die Blätter mitsamt den Zweiglein verwenden oder nur die Blätter abzupfen. Aber auch frisch läßt sich das Kraut natürlich hervorragend verwenden. Das Bohnenkraut riecht intensiv würzig und hat einen brennend-scharfen, pfefferähnlichen Geschmack.
Inhaltsstoffe:
Es enthält ätherisches Öl, darunter Karvakrol und Cymol, Harz, Gerbstoffe, Schleim- und Bitterstoffe, organisch gebundenen Schwefel.
Heilwirkung:
Das Bohnenkraut beeinflußt den gesamten Magen- und Darmtrakt günstig. Durch den Gerbstoffgehalt wirkt es leicht stopfend und entzündungshemmend bei Gastroenteritis, das heißt, bei Erkrankungen des Magens und Darms. Das ätherische Öl wirkt sowohl krampfstillend als auch beruhigend und wärmend. Bohnenkraut gilt allgemein als appetitanregend und magenstärkend.
Verwendung:
Wegen der starken Würzkraft sollte man das Bohnenkraut nur sparsam verwenden. Es paßt gut zu Gemüse, Salaten, Suppen und zu Fleischgerichten. Der Name weist schon darauf hin: Das Bohnenkraut ist wegen seiner blähungsmindernden Eigenschaften besonders für Bohnengerichte und andere Gerichte mit Hülsenfrüchten geeignet. Die frischen Blättchen passen feingehackt zu Gurken- oder Kartoffelsalat.

Borretsch

(Borago officinalis)

Aussehen und Geschmack:
Ein einjähriges Kraut mit kräftigen Trieben, länglichen, rauh behaarten Blättern und meist blauen Blüten, Geschmack erfrischend kühl, ähnelt Gurkenaroma.
Die frische Pflanze riecht auch nach Gurke, deshalb der Beiname »Gurkenkraut«.
Inhaltsstoffe:
Lebenswichtige Mineralstoffe, besonders Kalium. Hoher Gehalt an Schleimstoffen, außerdem Harz und Saponine, Gerbstoffe und Farbstoff. In den frischen Blättern auch Vitamin C. Die Haare der Blätter enthalten reichlich Kieselsäure.
Heilwirkung:
Durch harntreibende, gewebsentwässernde Wirkung vorbeugend und heilungsunterstützend auch bei Nieren- und Blasenleiden. Schweißtreibend und entzündungshemmend. Stärkt die Nerven und beruhigt. Gewebsreinigend und dadurch im Sinne einer allgemeinen Entschlackung wirksam. Da Borretsch leicht salzig schmeckt, ist er wie geschaffen für kochsalzarme Diät.
Verwendung:
Die jungen Blättchen dienen als Salat oder als Würzkraut. Einfrieren ist möglich, beim Trocknen oder Mitkochen geht das Aroma verloren.
Die frischen Blätter werden kleingeschnitten oder gehackt, sie verfeinern Kohlgemüse, weiße Bohnen, Rohkost und Salate; sie dienen auch als Butterbrotbelag.
In Kräutersaucen zu Fleisch; kombiniert mit anderen Kräutern in Kräuteromeletts, Kräuterbutter und Kräuterkäse.
Borretsch intensiviert den Geschmack eingelegter Gurken.
Die Blüten wirken dekorativ. Sie werden bei der Herstellung und zum Färben von Kräuteressig verwendet.

Brennessel

(Urtica dioica – große Brennessel, Urtica urens – kleine Brennessel)

Aussehen und Geschmack:
Urtica urens ist die kleinere, zartere, aber auch aggressivere der beiden Brennesselarten. Typisch sind die mit Brennhaaren besetzten Blätter. Gegessen werden die jungen, im Frühling gesammelten Blätter, die noch nicht brennen. Sie schmecken feinsäuerlich-herb und etwas bitter. Aber auch die Wurzeln und Stengel werden als Heilmittel verwendet.
Inhaltsstoffe:
Im frischen Kraut sind Vitamine A, B und C sowie Mineralstoffe wie Kalium, Calcium und Eisen, Acetylcholin, Histamin, Ameisensäure und Serotonin, Chlorophyll, Gerb- und Schleimstoffe, Kohlenhydrate, Proteine, Öl enthalten.
Heilwirkung:
Man verwendet Brennesselblätter zur Anregung des gesamten Körperstoffwechsels u. a. bei Frühjahrskuren. Sie sind beliebter Bestandteil von Teemischungen, die gegen Rheuma, Gicht, Galle- und Leberbeschwerden empfohlen werden. Brennesseln wirken entwässernd und harntreibend; sie werden deshalb gern zur sogenannten Blutreinigung bei rheumatischen Beschwerden eingesetzt. Außerdem stärken sie den Organismus.
Verwendung:
Frische Brennesseln ergeben zusammen mit Löwenzahn- und Scharbockskrautblättern einen köstlichen Frühlingssalat. Man kann Brennesseln auch in Suppen oder als Gemüse zubereiten. Ein Brennesseltee besteht aus Kraut und Wurzeln.

Brombeere

(Rubus fructicosus)

Aussehen und Geschmack:
Die dunkel- bis schwarzroten Brombeeren haben ein aromatisches, säuerlich-saftiges Fruchtfleisch. Aus ihnen kann man einen Saft bereiten. Die Blätter lassen sich getrocknet als Tee verwenden.
Inhaltsstoffe:
Die Brombeerblätter enthalten Gerbstoffe, organische Säuren, zum Beispiel Zitronensäure, Flavonoide, etwas Vitamin C und Spuren eines ätherischen Öls. Der Saft enthält wertvolle Fruchtsäuren, Mineralstoffe, Vitamine, Pektin und Fruchtzucker.
Heilwirkung:
Brombeerblätter sind wegen des Gerbstoffgehaltes ein mildes Adstringens, das sich zur Behandlung entzündeter Schleimhäute durch Gurgeln und Spülen gut eignet. Brombeertee leistet gute Dienste bei Diarrhoe und Magen-Darm-Entzündungen sowie bei Sodbrennen.
Verwendung:
Aus den Brombeerblättern bereitet man – auch zusammen mit anderen Blättern – einen Tee. Die reifen Beeren werden roh gegessen oder zu Saft, Kompott, Konfitüre, Gelee, Wein und Likör verarbeitet.

Brunnenkresse

(Nasturtium officinale)

Aussehen und Geschmack:
Die Brunnenkresse ist eine ausdauernde Pflanze mit 30 bis 90 Zentimeter langen, meist niederliegenden Trieben. Man findet sie in Bächen, Flüssen und Gräben. Verwendet wird das frische, junge Kraut. Es wird vor der Blüte (April bis Juni) gesammelt. Die Brunnenkresse riecht würzig-scharf, der Geschmack ist angenehm, etwas scharf-bitter, rettichartig. Auch die Samen kann man, ähnlich Senfkörnern, als Gewürz verwenden.
Inhaltsstoffe:
Brunnenkresse enthält die Vitamine A, C, D und E, Carotin, Eisen und Jod, Kalium, Bitterstoffe und Senfölglykosid.
Heilwirkung:
Brunnenkresse wirkt anregend auf den Stoffwechsel unseres Körpers. Sie wird deshalb gern bei Frühjahrskuren zur Blutreinigung und bei rheumatischen Beschwerden empfohlen. Die Brunnenkresse ist appetitanregend und verdauungsfördernd, wasser- und galletreibend. Wegen des Gehalts an Vitamin C und antibiotischer Eigenschaften ist sie auch zur Steigerung der Abwehrkräfte bei Entzündungen der Atemwege von Nutzen.
Verwendung:
Brunnenkresse kann man als Salat anrichten, auch zusammen mit Löwenzahn, anderem grünen Salat, mit Gurken oder Tomaten. Sie paßt gut zu Eiern, Bratkartoffeln und Gemüse, in Butter und Quark und ist sogar als Brotbelag geeignet. Mit den Samen kann man gedünstetes Fleisch, Salat und Rohkostteller würzen.

Dill

(Anethum graveolens)

Aussehen und Geschmack:
Dill gehört zu der Familie der Doldengewächse und hat auffallend schmale Fiederblättchen. Als Gewürz verwendet man die in Teilfrüchte zerfallenden reifen Spaltfrüchte oder das frische beziehungsweise getrocknete Kraut. Das Dillkraut riecht und schmeckt erfrischend aromatisch, etwas süßlich-würzig mit scharfer Komponente.
Inhaltsstoffe:
Im Dill enthalten sind ätherisches und fettes Öl, Vitamin A und C, Carvon, das auch Bestandteil des Kümmel ist, und Apiolkampfer.
Heilwirkung:
Dill wird als Karminativum eingesetzt, das heißt er wirkt blähungstreibend, beruhigend und krampflösend im Magen-Darm-Trakt, bei nervös bedingten Störungen der Verdauungswege, er ist antiseptisch, appetitanregend und verdauungsfördernd.
Verwendung:
In der Küche verwendet man Dill gern an Salaten, besonders Gurkensalat schmeckt hervorragend mit Dill, zu Fisch, z. B. Lachs, Quark und Kartoffeln. Das zarte Dillgrün sollte nicht mitgekocht werden; am besten und aromatischsten schmeckt er, wenn man ihn kurz vor dem Servieren zu den Speisen gibt. Zum Einlegen von Gurken verwendet man Dillkraut, einschließlich der Stengel.

Estragon

(Artemisia dracunculus)

Aussehen und Geschmack:
Man unterscheidet deutschen und russischen Estragon. Die jungen Triebe haben einen starken aromatischen Geruch. Deutscher Estragon schmeckt würzig, etwas bitter-beißend mit erfrischendem Nachgeschmack; russischer Estragon hat einen intensiveren Bittergeschmack. Man sollte beim Estragon am besten das frische Kraut verwenden, da beim Trocknen viel vom Aroma verlorengeht.
Inhaltsstoffe:
Der Estragon enthält ätherisches Öl und Bitterstoffe, Enzyme und Gerbstoffe sowie im frischen Kraut auch Vitamine.
Heilwirkung:
Estragon wirkt appetitanregend und verdauungsfördernd.
Verwendung:
Besonders beliebt ist Estragon in der französischen Küche, aber auch bei uns verwendet man ihn gern zu gebratenem Fleisch, Geflügel und Fisch, für zarte Gemüse und helle Saucen. Erst durch Wärme entwickelt der Estragon sein volles Aroma. Unentbehrlich ist Estragon zum Einlegen von Gurken, beliebt zum Aromatisieren von Essig. Auch grüner Salat und rohe Gemüsesalate werden gern mit Estragon gewürzt.

Fenchel

(Foeniculum vulgare)

Aussehen und Geschmack:
Fenchel ist eine ein- bis mehrjährige Pflanze, die ein bis zwei Meter hoch werden kann. Als Gewürz verwendet man die reifen Spaltfrüchte, die mit Kümmel und Dill verwandt sind. Ihr Geruch ist kräftig, stark aromatisch. Fenchel schmeckt anis-ähnlich, süßlich und leicht brennend. Als Gemüse eignen sich die zu einer länglichen Zwiebel geformten Blattsprossen anderer Fenchelarten.
Inhaltsstoffe:
Ätherisches Öl mit den Hauptsubstanzen Fenchon und trans-Anethol, daneben fettes Öl, Zucker und Eiweiß sind Bestandteile des Fenchels.
Heilwirkung:
Fenchel hat sich bewährt als mildes Hustenmittel bei Kleinkindern, er wirkt schleimlösend und auswurffördernd. Auch als Beruhigungsmittel wird er eingesetzt. Wegen seiner desinfizierenden Eigenschaften ist Fenchel wirksam bei entzündlichen Erkrankungen, zum Beispiel bei Bronchitis. Im Verdauungstrakt wirkt er spasmolytisch und karminativ, also krampflösend und blähungstreibend.
Verwendung:
Fenchel eignet sich zum Würzen von Brot, Kuchen, eingemachten Früchten, Pudding und Mehlspeisen. Er ist ferner beliebt an Fischsaucen und -marinaden, Mayonnaisen, auch zu Gemüse und an Salaten.

Gänseblümchen

(Bellis perennis)

Aussehen und Geschmack:
Gänseblümchen gehören zur Familie der Korbblütengewächse. Sie ist eine weitverbreitete Pflanze mit einer Blattrosette und einem blattlosen Stengel. Gänseblümchen haben eine rotweiße Blüte mit gelben Scheibenblüten. Man kann das Gänseblümchen fast das ganze Jahr hindurch sammeln, doch den Pflanzen, die um den 24. Juni (Johannistag) herum gesammelt werden, schreibt man die größte Wirkung zu.

Inhaltsstoffe:
Im Gänseblümchen enthalten sind Saponine, Bitter- und Gerbstoffe, etwas ätherisches Öl, Anthoxanthin und Flavone.

Heilwirkung:
Gänseblümchen regen den Stoffwechsel an, man verwendet sie auch zur Unterstützung der Verdauungsfunktionen. Bei Husten und Erkältungskrankheiten wirkt es entzündungshemmend, schleimlösend und krampfstillend.

Verwendung:
Gänseblümchen schmecken in Salaten und Suppen, zu Rohkost und Gemüse, mit Quark und Joghurt. Man kann aus ihnen auch einen Tee zubereiten.

Hagebutte

(Rosa canina)

Aussehen und Geschmack:
Neben der Heckenrose gibt es noch viele andere Pflanzen aus der Familie der Rosengewächse. Die Samen der Rose bilden eine Scheinfrucht, die längliche, rote Hagebutte. Sie wird im Herbst gesammelt, zu Mark verarbeitet oder getrocknet. Die Hagebutte hat einen fruchtig-erfrischenden Geschmack. Aber auch die Blütenblätter benutzt man zur Aromatisierung; die meist weißen oder rosafarbenen Blüten riechen schwach süßlich.

Inhaltsstoffe:
Hagebutten enthalten viel Vitamin C, B-Vitamine, Mineralstoffe, Fruchtsäuren, Flavone, Gerbstoffe und Zucker. In den Kernen ist Vanillin enthalten.

Heilwirkung:
Die Wirkstoffe machen die Hagebutte zu einer wertvollen Frucht, deren Tee nicht nur angenehm schmeckt, sondern gerade in Erkältungszeiten vorbeugend wirkt. Fieberkranke werden erfrischt, die Abwehrkräfte erhöht. Außerdem wirkt die Hagebutte appetitanregend. Die Samenkerne der Hagebutte sind mild entwässernd. Die Blüten werden bei Magen-Darm-Beschwerden eingesetzt. Frische Blütenblätter helfen bei Obstipation, der daraus bereitete Tee bei Magenkrämpfen.

Verwendung:
Tee, Wein, Likör und Schnaps lassen sich aus der Hagebutte herstellen. Das Mark kann zu Gelee oder Marmelade verarbeitet werden, man kann es auch zu Wildgerichten reichen oder Saucen damit verfeinern. Mit den Blütenblättern kann man eingekochtes Obst, Konfitüren, Honig oder Essig aromatisieren. Auch eine Rosenbowle läßt sich daraus bereiten.

Heidelbeere

(Vaccinium myrtillus)

Aussehen und Geschmack:
Die Heidelbeere, die auch Blaubeere oder Bickbeere genannt wird, ist ein kleiner Halbstrauch, der bis zu 50 Zentimeter hoch wird. Die reifen, kugelrunden Früchte sind blauschwarz, man ißt sie frisch oder getrocknet. Sie riechen herb und schmecken säuerlich-süß mit einem leicht bitteren Beigeschmack.
Inhaltsstoffe:
In Heidelbeeren enthalten sind die Vitamine A, B und C, Gerbstoffe, Zucker, Glykoside und Fruchtsäure. Getrocknet haben sie einen hohen Gehalt an fettem Öl.
Heilwirkung:
Der Saft aus frischen Beeren stärkt Herz und Kreislauf. Die frischen Früchte wirken wegen des Gehalts an Fruchtsäure leicht abführend. Aus getrockneten Beeren und Blättern bereitet man einen Tee, der bei Verdauungsstörungen, Durchfall, Erbrechen und Magenbeschwerden eine wohltuende Wirkung zeigt.
Verwendung:
Die Verwendung frischer Heidelbeeren ist wegen der Vitamine, der Mineralstoffe und der erfrischenden Fruchtsäure empfehlenswert. Reife Beeren mit Milch, Zucker, als Mus, Kompott, Marmelade oder Gelee sind sehr gesund. Es läßt sich auch Saft, Wein, Likör oder Branntwein aus ihnen herstellen.

Himbeere

(Rubus idaeus)

Aussehen und Geschmack:
Der Himbeerstrauch wird ein bis zwei Meter hoch. Die Blätter sind an der Unterseite behaart. Die Beeren sind rot, je nach Sorte rund oder länglich. Sie schmecken aromatisch-süß und riechen angenehm aromatisch.
Inhaltsstoffe:
Die Beeren enthalten neben Aromastoffen, erfrischenden Fruchtsäuren und Vitaminen der B-Gruppe und Provitamin A viele Mineralstoffe, vor allem Kalium, Phosphor, Kalzium, Eisen und Magnesium. In den Blättern ist Pektin und Gerbsäure enthalten.
Heilwirkung:
Himbeersaft wirkt beruhigend und durststillend bei fieberhaften Erkrankungen. Der Tee, aus den Blättern bereitet, hilft wegen seines Gerbsäuregehalts bei Diarrhoe, außerdem bei Gallenleiden, Magen- und Nierenerkrankungen.
Verwendung:
Die reifen, frischen Früchte kann man als Obst zu sich nehmen. Frische oder tiefgefrorene Früchte schmecken erfrischend in Milch, Joghurt oder Quark. Sie werden auch zu Eis, Konfitüre, Kompott, Gelee oder Sirup verarbeitet und gehören in jeden Rumtopf. Aus Himbeeren werden Saft und hervorragende Branntweine hergestellt, auch in einer Bowle sind sie nicht zu verachten.

Holunder

(Sambucus nigra)

Aussehen und Geschmack:
Der Holunder ist ein ästiger Strauch oder ein kleiner Baum, der zwischen drei und sieben Meter hoch wird. Der schwarze Holunder hat doldenartige Blütenstände. Die gelblich-weißen Blüten haben einen unangenehmen süßlichen Geruch. Aus ihnen bilden sich im Herbst die glänzend schwarzen bis schwarzvioletten Beeren mit ihrem eigenwilligen Geschmack.

Inhaltsstoffe:
In den Blüten sind ätherische Öle, schweißtreibende Glykoside, Flavonoide, Gerbstoffe und ein Schleim die wichtigsten Bestandteile. Reife Früchte sind reich an Vitaminen und Mineralien.

Heilwirkung:
Im Vordergrund der Anwendung steht wegen seiner schweißtreibenden Eigenschaften der Holunderblütentee bei fieberhaften Erkrankungen, bei Erkältung, Husten und Heiserkeit. Ferner mobilisiert er die körpereigenen Abwehrkräfte. Das tut übrigens auch der Holundersaft, der besonders reich an Vitamin C ist. Anwendung außerdem bei Rheuma, Gicht und Blasenleiden. Ein Mus aus Früchten wirkt mild abführend.

Verwendung:
Die Holunderblüten, in einen leichten Bierteig getaucht und ausgebacken, ergeben ein wunderbares Dessert. Aus den reifen Beeren stellt man Saft, Mus, Marmelade, Gelee, Sirup, Kompott, Kaltschalen und Holunderwein her. Auch eine Holundersuppe mit Apfeleinlage ist eine feine Sache.

Hopfen

(Humulus lupulus)

Aussehen und Geschmack:
Die rauhhaarige Schlingpflanze, die drei bis sechs Meter hoch werden kann, wird an langen Stangen kultiviert und gibt manchen Gegenden ein ganz charakteristisches Gepräge. Verwendet werden die weiblichen Blütenstände, die Hopfenzapfen. Die Fruchtstände enthalten das wertvolle Hopfenbitter. Aus den getrockneten Zapfen gewinnt man durch Abklopfen das sogenannte Hopfenmehl oder Lupulin. Hopfen schmeckt bitter und hat einen durchdringenden Geruch.

Inhaltsstoffe:
Bitterstoffe, Humulon und Lupulin sind für den Geschmack und die Wirkung des Hopfens verantwortlich. Daneben enthalten sind Gerbstoffe, Aminosäuren, Wachs und Zucker.

Heilwirkung:
Hopfen wirkt beruhigend bei Schlafstörungen und nervösen Magenbeschwerden. Bitterstoffe regen den Appetit an und hemmen außerdem das Keimwachstum. Hopfen ist harntreibend und deshalb wirksam bei Erkrankungen der Harnwege.

Verwendung:
Zur Bierherstellung verwendet man die unbefruchteten Zapfen, beziehungsweise das daraus gewonnene Hopfenmehl. Das gibt den typischen Geschmack und hat darüber hinaus noch keimhemmende Eigenschaften, wodurch die Gärung günstig beeinflußt und das Bier haltbarer wird. Frische Hopfensprossen sind eine Delikatesse. Man kann sie in Salzwasser kochen und mit verschiedenen Saucen servieren, als Gemüse ausbacken, mit anderem Gemüse in die Suppe geben oder als Salat anrichten. Die Zapfen werden auch Hopfenspargel genannt, die Köpfchen sollten allerdings noch geschlossen sein.

Johannisbeere schwarz *(Ribes nigrum)* und rot *(Ribes spicatum)*

Aussehen und Geschmack:
Die Johannisbeere wächst als Strauch. *Ribes silvestre* ist die wildwachsende Stammpflanze. Die Beeren der *Ribes spicatum* können rot oder rosa, gelblich oder grünlich-weiß sein, während sie bei der *Ribes nigrum* immer dunkelfarbig sind. Die mehrsamigen Beeren hängen traubenförmig zusammen. Je nach Sorte sind sie rund, abgeflacht, länglich oder birnenförmig. Die Johannisbeere hat einen mild-süßen bis säuerlich-herben Geschmack. Sie wird von Juni bis September geerntet.

Inhaltsstoffe:
Die Johannisbeere enthält Karotin, B-Vitamine, Niazin, Mineralstoffe und Spurenelemente, vor allem Kalium, sowie Fruchtsäuren. Vitamin A ist besonders in den roten Johannisbeeren enthalten, Vitamin C besonders in den schwarzen.

Heilwirkung:
Johannisbeeren wirken appetit- und stoffwechselanregend. Wegen des hohen Vitamingehalts eignen sie sich zur Vorbeugung von Erkältungskrankheiten. Auch sind Johannisbeeren nervenstärkend und hilfreich bei Schlafstörungen.

Verwendung:
Frisch kann man sie als Obst, vermischt mit Joghurt oder Quark genießen. Man kann Johannisbeeren zu Konfitüre, Marmelade, Gelee und Kompott verarbeiten. Sie lassen sich einfrieren oder einmachen. In flüssiger Form gibt es sie als Sirup, Obstwein oder Saft. Ein Johannisbeersorbet oder -eis ist ebenfalls eine feine Sache.

Kaffee

(Coffea arabica und *Coffea robusta)*

Aussehen und Geschmack:
Die Pflanze gehört zur Familie der Rubiaceen in die Gruppe der Eucoffea. Man unterscheidet fünf Untergruppen mit 24 Kaffeearten.
Am gebräuchlichsten sind die Rohkaffeearten Arabica *(Coffea arabica)* und Robusta *(Coffea canephora Pierre)*. An einem Kaffeestrauch befinden sich grüne, reifende und reife Früchte. Die Kaffeefrucht wird auch Kaffeekirsche genannt. Sie ist beerenartig, etwas oval und bei Reife hellrot gefärbt. In der Kaffeekirsche liegen mit den flachen Seiten zueinander zwei Samenkerne. Bei den Arabica-Kaffeesträuchern pflückt man mit der Hand meist nur die reifen Früchte, bei der Robusta sind diese oftmals mit unreifen Kaffeekirschen vermischt. Nach Entfernen des Fruchtfleisches gewinnt man die Kaffeebohnen, die durch trockenes Erhitzen zu Röstkaffee werden. Die üblichen, im Handel befindlichen Kaffeemischungen setzen sich meist aus vier bis acht unterschiedlichen Kaffeesorten zusammen. Die Kaffeebohnen werden gemahlen, kochendes Wasser löst die Inhaltsstoffe. Geröstete Kaffeebohnen sollten bei angebrochener Verpackung nicht länger als drei Wochen aufbewahrt werden.

Inhaltsstoffe:
Enthalten sind Kaffeewachs, Kaffeeöl, Karbonsäurehydroxytryptamide, Linol- und Linolensäure, Koffein, Trigonellin, Chlorogensäure, Saccharose, Reinprotein, Asche und Gerbsäure. In der Robusta-Sorte ist mehr Koffein enthalten.

Heilwirkung:
Durch den Koffeingehalt hat Kaffee eine anregende und belebende Wirkung auf Herz, Kreislauf und das Nervensystem. Kaffee regt die Bildung von Verdauungssäften an und aktiviert die Nieren zu erhöhter Urinausscheidung.

Verwendung:
Kaffee ist vornehmlich ein anregendes Getränk, er rundet durch Kreislaufstabilisierung ein Menü bekömmlich ab; aber auch zum Aromatisieren von Gebäck und Süßspeisen kann man ihn verwenden.
Zu beachten ist aber, daß zu hoher Genuß von Kaffee wegen der starken Belastung des vegetativen Nervensystems und des Magen-Darm-Kanals schädlich ist. Durch andere Röstung und Art der Bereitung (kurzer Preßvorgang) werden beim *Espresso* zwar die Aromastoffe, nicht aber so viele Schadstoffe und weniger Koffein (ca. 20%) gelöst. Er wird von vielen Menschen deshalb besser vertragen.

Kartoffel
(Solanum tuberosum)

Aussehen und Geschmack:
Die Kartoffel ist eine krautige Pflanze, die etwa 50 Zentimeter hoch wird, und hat weiße bis lila Blüten. Sie gehört zu den Nachtschattengewächsen. Man unterscheidet die Kartoffel nach dem Zeitpunkt der Reife nach Speisefrühkartoffeln (Ernte ab etwa Juni), mittelfrühe (Ernte ab Mitte August) oder mittelspäte bis sehr späte Kartoffeln (Ernte ab Mitte September bis Oktober). Es gibt festkochende und mehlige Sorten. Auch haben Kartoffeln unterschiedliche Formen: von rund, rundoval, plattoval bis länglich. Die Kartoffelschale kann weißlich, gelb, rot oder bläulich sein. Das Innere der Kartoffel ist immer gelb oder weißlich. Die Kartoffel ist roh nicht genießbar, grün sogar giftig.
Inhaltsstoffe:
In der Kartoffel sind Kohlenhydrate, besonders Stärke, aber auch unverdauliche Ballaststoffe, Eiweiß, Vitamin A, C, B1 und K, Niazin, Mineralstoffe und Spurenelemente wie Kalium, Phosphor, Magnesium, Kalzium, Eisen und Jod enthalten. In den grünen Pflanzenteilen ist das giftige Glykosid Solanin enthalten.
Heilwirkung:
Die Kartoffel ist als Grundnahrungsmittel sehr wertvoll. Kartoffeln liefern Energie und für den Aufbau des Organismus lebensnotwendige Stoffe. Durch ihren Gehalt an Faserstoffen reguliert die Kartoffel die Verdauung und senkt den Cholesterinspiegel; das in ihr enthaltene Vitamin C beugt Infektionskrankheiten vor und stärkt die Abwehr. Die Kartoffel wirkt auch entwässernd und durch ihren hohen Kaliumgehalt herzstärkend.
Verwendung:
Die Kartoffel sollte man möglichst in der Schale kochen, damit wertvolle Inhaltsstoffe erhalten bleiben. Je nach Verwendungszweck wird man sich für eine festkochende oder mehlige Sorte entscheiden. Festkochende Kartoffeln eignen sich für Salat, Gratins, Brat- oder Pellkartoffeln. Aus mehligen Sorten bereitet man Püree, Kartoffelknödel, Reibekuchen und Kroketten, sie kommen in Suppen und Eintöpfe.
Ein »Kartoffeltag« ab und zu wirkt blutdrucksenkend und somit herzentlastend.

Kapuzinerkresse
(Tropaeolum majus)

Aussehen und Geschmack:
Die Heimat der Kapuzinerkresse ist Peru. Von dort gelangte sie als Ziergewächs nach Europa, wo sie sich in Balkonkästen und Blumenbeeten schon Jahrzehnte behauptet. Auffallendstes Merkmal der Kapuzinerkresse sind die sattgrünen, schildförmigen Blätter. Ihre Blüten sind orangerot, groß und zart, Stengel und Blätter saftig. Die frischen, jungen Blätter, die Blüten und Knospen verwendet man zum Würzen; sie schmecken pfefferartig-scharf und zugleich etwas süßlich und riechen stark aromatisch.
Inhaltsstoffe:
Vitamin C und Eisen sind in der Kapuzinerkresse enthalten.
Heilwirkung:
Wegen des Vitamin-C-Gehalts wurde die Kapuzinerkresse früher bei Skorbut eingesetzt. Sie wirkt vorbeugend gegen Erkältungskrankheiten und steigert die Abwehrkräfte.
Verwendung:
Man kann die Kapuzinerkresse mit anderen Wildsalatsorten oder grünem Salat mischen, sie paßt auf Rohkostplatten und zu weichgekochten Eiern. Die grünen, unreifen Früchte dienen als Kapernersatz.

Kerbel

(Anthriscus cerefolium)

Aussehen und Geschmack:
Der Kerbel ist eine der Petersilie verwandte Pflanze mit kleinen, glatten Blättern. Man verwendet das frische Kraut, beziehungsweise nur die Blättchen zum Würzen. Getrockneter Kerbel verliert das Aroma. Die Pflanze hat einen feinwürzigen, anisartigen Geruch und einen süßlich-aromatischen Geschmack, mit dem des Fenchels vergleichbar.
Inhaltsstoffe:
Im Kerbel enthalten sind ätherisches Öl, Bitterstoff, Glykoside, Vitamin C und Karotin sowie Mineralstoffe.
Heilwirkung:
Der Kerbel gehört zu den »Fastenkräutern«, denen eine blutreinigende Wirkung zugeschrieben wird. Und in der Tat wirkt der Kerbel auch leicht harntreibend. Daneben ist er verdauungsfördernd und blähungsmindernd.
Verwendung:
Fein gehackt verwendet man den Kerbel in Kräuterbutter oder -käse, in Kräuter- oder Kerbelsuppen. Salate, Rohkostplatten, Eierspeisen und Tomaten kann man mit Kerbel anreichern. Auch zu Fleisch und Fisch paßt Kerbel ausgezeichnet. Man sollte aber beachten, daß Kerbel kein langes Mitkochen verträgt. Frische Kerbelblättchen zu einem Butterbrot sind eine Delikatesse.

Knoblauch

(Allium sativum)

Aussehen und Geschmack:
Der Knoblauch ist ein Zwiebelgewächs mit einzelnen Zehen. Er ist von intensivem Aroma und auffälligem Geruch. Im Frühsommer geernteter Knoblauch ist saftig und schmeckt milder, gelagerter würzt intensiver und entwickelt im Inneren der Zehe einen grünen Keim.
Inhaltsstoffe:
Verschiedene Vitamine und Enzyme sind im Knoblauch enthalten; außerdem ein ätherisches Öl, aus dem sich im Körper das antibiotisch wirkende Allicin bildet.
Heilwirkung:
Knoblauch ist wirksam bei Gärungsprozessen im Darm, bei damit verbundenen Blähungserscheinungen und krampfartigen Schmerzzuständen. Er hat eine allgemein antibiotische Wirkung, ist vorbeugend gegen Arteriosklerose und Infektionskrankheiten. Erwähnenswert auch der positive Einfluß auf chronische Bleivergiftung. Knoblauch fördert eine vermehrte Gallensekretion. Er ist blutdrucksenkend und cholesterinsenkend. Empfohlen zur Prophylaxe bei Neigung zu Gefäßerkrankungen wie Blutgerinnsel, Adernverstopfung und Spätfolgen wie Herzinfarkt und Gehirnschlag.
Verwendung:
Man löst die Zehen von der Hauptzwiebel. Sie werden geschält, entweder durch die Knoblauchpresse gedrückt, im Mörser zerquetscht oder in dünne Scheibchen geschnitten. In heißem Fett angeröstet, hat er einen sehr intensiven Geschmack, was in der italienischen Küche oft geschätzt wird. Fügt man ihn kurz vor Fertigstellung des Gerichts zu, ist er aromatischer als bei langem Mitkochen oder -braten. Knoblauch paßt zu Salaten, Suppen, Saucen, Dips, Gemüsen, Fleisch und Fisch und ist unerläßlich bei Lammfleischgerichten.

Koriander

(Coriandrum sativum)

Aussehen und Geschmack:
Er stammt aus Südosteuropa, wird aber auch bei uns angebaut. Bei der Ernte wird die ganze Pflanze gesammelt und gedroschen, um die reifen, kugeligen Früchte zu gewinnen, die getrocknet werden. Sie riechen angenehm würzig und haben einen starken süßlichen, zugleich etwas scharfen Geschmack. Man verwendet den Koriandersamen im Ganzen oder aber gemahlen.
Inhaltsstoffe:
Ätherisches und fettes Öl, Zucker, Vitamin C und Gerbstoffe sind im Koriander enthalten.
Heilwirkung:
Linalool als Hauptbestandteil des ätherischen Öls gehört zu den pflanzlichen Abwehrstoffen gegen Mikroorganismen. Koriander hilft bei Verdauungsstörungen, ist krampflösend und blähungstreibend, verdauungsfördernd und appetitanregend.
Verwendung:
In der Brot-, Kuchen- und Weihnachtsgebäckherstellung hat der Koriander seinen Platz. Er ist ein typisches Back- und Wurstgewürz. Zum Einlegen von Gurken und Paprika, zum Beizen und Pökeln, an Blumenkohl, Sellerie oder roten Beten ist er als Gewürz geschätzt.

Kresse

(Lepidium sativum)

Aussehen und Geschmack:
Die Gartenkresse ist glattblättrig und mooskrautblättrig. Sie kann überall angebaut werden, da sie keine großen Ansprüche stellt. Die Gartenkresse ist vielseitig verwendbar. Das frische, junge Kraut hat einen würzigen Geschmack und einen scharf-bitteren Geruch. Sie ist insgesamt milder als die Brunnenkresse.
Inhaltsstoffe:
In der Gartenkresse sind Vitamin C, Karotin, B-Vitamine und Vitamin K, Bitterstoff, ätherisches Senföl, Mineralstoffe und Spurenelemente wie Eisen, Phosphor, Jod und Schwefel enthalten.
Heilwirkung:
Kresse regt den Stoffwechsel und die Verdauung an; sie ist galle-, magensaft- und harntreibend. Da Kresse vitaminhaltig ist, eignet sie sich besonders gut für die Frühjahrskur, und auch in der kalten Jahreszeit ist sie für die Vitaminversorgung wichtig.
Verwendung:
Die Kresse ist eine Gewürz-, Salat- und Gemüsepflanze. Man sollte sie frisch verwenden, da beim Trocknen wertvolle Inhaltsstoffe verlorengehen. Kresse schmeckt gut zu Quark oder Käse, auf Butterbroten, zu kurzgebratenem Fleisch und hartgekochten Eiern sowie in Saucen.

Kümmel

(Carum carvi)

Aussehen und Geschmack:
Der Kümmel ist ein sichel- oder halbmondförmiges Gewürz mit typischem, aromatischem, leicht beißendem Geschmack.

Inhaltsstoffe:
Hauptbestandteil ist das ätherische Öl *Oleum carvi*. Ferner enthalten sind fette Öle, Proteine, Zucker und Rohfasern.

Heilwirkung:
Kümmel ist das beste pflanzliche Karminativum, über das wir verfügen. Er fördert die Durchblutung der Magenschleimhaut, regt die Magensekretion an, ist verdauungsfördernd und blähungsmindernd, wirkt krampflösend bei Magen- und Darmstörungen. Kümmel besitzt eine unterstützende Wirkung bei der Fettverdauung.

Verwendung:
Kümmel wird im Ganzen oder gemahlen verwendet. Er ist besonders zu empfehlen als Gewürz an blähungsbildenden Gemüsen wie Rotkohl, Weißkraut oder Wirsing. Fette Gerichte mit Hammel- und Schweinefleisch werden durch Kümmel verträglicher. Brote, Kleingebäck, Quark, Käse und Kartoffeln vertragen es ebenfalls, mit Kümmel gewürzt zu werden.

Liebstöckel

(Levisticum officinale)

Aussehen und Geschmack:
Liebstöckel gehört zur Familie der Doldengewächse und kann eine Höhe bis zu zwei Meter erreichen. Als Gewürz verwendet man die jungen Blätter. Am besten schmecken sie frisch, man erhält sie jedoch auch getrocknet. Der charakteristische Geruch erinnert an Suppenwürze, deshalb wird Liebstöckel auch Maggikraut genannt. Es hat einen würzig-aromatischen Geschmack, erst süßlich, dann scharf und etwas bitter-beißend, manchmal an Sellerie erinnernd. Die getrockneten Wurzeln benutzt man zu Heilzwekken.

Inhaltsstoffe:
In den Blättern sind ätherisches Öl, Bitterstoffe und Harze enthalten, in der Wurzel außerdem Vitamine und Cumarine, Benzoesäure und Angelikasäure sowie Zucker.

Heilwirkung:
Liebstöckel wirkt wassertreibend und beruhigend bei Gärungsvorgängen im Darm. Gelegentlich ist Liebstöckel auch in Magen- und Blutreinigungstees enthalten.

Verwendung:
Liebstöckel »macht einen guten Magen und vertreibt die Winde« schrieb schon zur Zeit Karls des Großen ein Koch, der diese Pflanze in seinem Garten zog. Frisches Kraut oder nur die frischen Blätter, kleingehackt Gemüsen, Suppen und Eintöpfen beigegeben, erhöhen Bekömmlichkeit und Wohlgeschmack. Liebstöckel muß mitgekocht werden, um die ganze Würzkraft zu entfalten. Allerdings genügen kleine Mengen. Etwas Liebstöckelwurzel bei der Zubereitung von Fleischbrühen, -saucen und Hackfleischgerichten mitgekocht, hebt und verstärkt den Fleischgeschmack. Mit Liebstöckel zu würzen ist sehr gesund und auch in der Diätküche erlaubt. Liebstöckel schmeckt an Rind- und Schweinefleisch, Geflügel, Saucen und Salaten.

Löwenzahn

(Taraxacum officinale)

Aussehen und Geschmack:
Aus den gelben Blüten entwickeln sich im frühen Sommer viele kleine dunkle Samen mit hellen, durchscheinenden Schirmchen, die, dicht beieinanderstehend, eine Kugel formen. Durch kräftiges Pusten, daher der Name Pusteblume, fliegen die kleinen Schirmchen in alle Richtungen. Beim Löwenzahn finden sowohl Wurzel und Kraut als auch die Blätter Verwendung, die leicht bitter schmecken. Je älter sie sind, desto intensiver schmecken sie.

Inhaltsstoffe:
Bitterstoffe, sogenanntes Taraxzin und Inulin sind hauptsächlich für die Wirkung verantwortlich. Außerdem sind Cholin, Harze und Säuren im Löwenzahn enthalten. Daneben enthält besonders das frische Kraut Vitamin C, B-Vitamine und Karotin sowie Mineralstoffe und Spurenelemente.

Heilwirkung:
Löwenzahn wirkt unterstützend bei der Therapie von Leber- und Gallenblasenleiden. Die Galleproduktion wird angeregt, ebenso die Bildung von Magensaft. Löwenzahn hat auch eine günstige Wirkung auf die Bauchspeicheldrüse und Stimulation der Nieren. Er ist ferner im Rahmen einer allgemeinen Anregung des Stoffwechsels geeignet für Frühjahrskuren und bei rheumatischen Erkrankungen. Im Herbst enthalten die Wurzeln besonders viel Inulin, das die Verdauung fördert.

Verwendung:
Der aus der frischen Wurzel gewonnene Preßsaft dient als Heilmittel. In der Küche verwendet man die Löwenzahnblätter als Salat oder in Suppen, gehackt als Salatgewürz. Er läßt sich als Gemüse ähnlich wie Spinat zubereiten. Die Löwenzahnblüten verwendet man für Sirup und Gelee, junge Knospen als Kapern.

Majoran

(Origanum majorana)

Aussehen und Geschmack:
Majoran gehört zur Familie der Lippenblütler. Er ist eine strauchige Pflanze mit kleinen weißen oder rötlichen Blüten, die einen angenehmen Duft verbreiten. Zum Würzen verwendet man Blätter und Blüten. Majoran schmeckt sehr würzig, etwas brennend-bitter mit kühlendem Effekt. Getrocknet kann man ihn genausogut verwenden wie frisch.

Inhaltsstoffe:
Hauptwirkstoff ist das ätherische Öl, Bitter- und Gerbstoffe ergänzen die Wirkung.

Heilwirkung:
Majoran wirkt nervenstärkend und beruhigend. Er leistet gute Dienste bei Magen-, Darm- und Gallenbeschwerden sowie bei Appetitlosigkeit. Fette Speisen und Hülsenfrüchte werden bekömmlicher, durch die Bitterstoffe auch leichter verdaulich.

Verwendung:
Zum Herstellen von Wurstwaren, insbesondere der Leberwurst, ist Majoran unentbehrlich. Im Volksmund wird er deshalb auch Wurstkraut genannt. Majoran paßt ausgezeichnet in eine Kartoffelsuppe, zu Bratkartoffeln, in Eintopfgerichte, zu Hülsenfrüchten, Fleisch und Pilzen. Zusammen mit Thymian, Rosmarin, Basilikum und Beifuß ergibt Majoran eine gute Gewürzmischung.

Meerrettich

(Armoracia rusticana)

Aussehen und Geschmack:
Als Gewürz verwendet man die Wurzeln, die in den Monaten September bis Februar geerntet werden. Der Meerrettich hat einen aromatisch scharfen Geschmack. Bereits beim Reiben steigen einem die Tränen in die Augen.
Inhaltsstoffe:
Als Hauptwirkstoff ist Senföl im Meerrettich enthalten. Ferner erwähnenswert der Gehalt an Vitamin C und Kaliumsalzen.
Heilwirkung:
Meerrettich gilt als ausgezeichnetes Mittel bei Husten und ist auch bei Blasen- und Nierenleiden, bei Gicht und Rheuma empfehlenswert. Er wirkt verdauungsfördernd und antiseptisch.
Verwendung:
Frisch geriebener Meerrettich ist ein überaus beliebtes Gewürz für Fleischgerichte. Er paßt ausgezeichnet zu kaltem Braten, zu gekochtem Rind- und Schweinefleisch, zu gegrillten Schweinswürstchen. Eine besondere Spezialität ist der Apfelkren, der zu Tafelspitz gereicht wird. Aber auch zu manchen Fischgerichten ist Sahnemeerrettich unerläßlich. Meerrettich verwendet man auch in Saucen, Senf, Mayonnaisen und Quark.

Mohrrübe

(Daucus carota)

Aussehen und Geschmack:
Die rübenförmig verdickte Wurzel kann von weißlicher oder durch Karotin orangeroter Farbe sein. Mohrrüben haben einen milden, etwas süßlichen Geschmack. Die orangerote, kurze, länglich-abgestumpfte oder rundliche Sorte ist die Karotte, sie hat einen besonders feinen, zarten Geschmack.
Inhaltsstoffe:
Karotin als Vorstufe des Vitamins A, Vitamine C und E, Mineralstoffe und Fruchtzucker sind Bestandteil der Mohrrübe.
Heilwirkung:
Um gut sehen zu können, eine reine, glatte Haut und gesunde Schleimhäute zu haben, benötigt der Organismus Karotin beziehungsweise Vitamin A. Karottensaft ist hilfreich bei Magen-, Darm- und Gallenleiden.
Verwendung:
Karotten schmecken roh, gekocht oder gedünstet als Gemüse oder Salat und passen gut in Eintopfgerichte. Das fettlösliche Karotin wird vom Körper besser genutzt, wenn man der Mohrrübe etwas Butter oder anderes Fett zugibt.

Petersilie

(Petroselinum crispum)

Aussehen und Geschmack:
Man unterscheidet zwischen Wurzel-, Kraut- oder Blattpetersilie. Als Gewürz dient überwiegend die Blattpetersilie mit ihren verschiedenen Blattarten: glattblättrig oder krausblättrig. Die krausblättrige Petersilie ist besonders dekorativ, die glattblättrige hingegen hat ein kräftigeres Aroma. Am besten schmecken die frischen Blätter, es gibt aber auch getrocknetes und gemahlenes Kraut.
Inhaltsstoffe:
Petersilie enthält ätherisches Öl mit Apiol als Hauptbestandteil, daneben besonders in frischen Blättern Vitamin C, Karotin, B-Vitamine und Nikotinsäureamid, außerdem Eisen und Magnesium.
Heilwirkung:
Petersilie wirkt anregend sowohl im Magen-Darm-Trakt als auch in den Harnwegen. Sie ist appetitanregend, verdauungsfördernd und krampflösend.
Verwendung:
Feingehackt, paßt sie zu fast allen Speisen. Petersilie paßt zu Gemüse, zu Fleisch und Fisch, zu Eiern, Kartoffeln und Pilzen. Mit ihr kann man Mayonnaisen, Suppen, Salate, Saucen und Füllungen abschmecken. Man sollte die frischen Blätter nicht mitkochen, möchte man ihr Aroma erhalten. Gibt man die Petersilie jedoch über das fertige Gericht, bleibt sie aromatisch. Die karottenförmige gelb-weißliche Petersilienwurzel kann man als Gemüse zubereiten.

Pfefferminze

(Menta piperita)

Aussehen und Geschmack:
Die Pfefferminze ist ein Lippenblütler. Zum Würzen verwendet man die frischen oder getrockneten Blätter. Sie haben einen angenehm aromatischen, kräftigen Geruch und schmecken erfrischend scharf mit kühlendem Nachgeschmack.
Inhaltsstoffe:
Ätherisches Öl mit den Hauptbestandteilen Menthol und Menthon sowie Gerb- und Bitterstoffe sind in der Pfefferminze enthalten. Menthol ist für die Reizung kälteempfindlicher Nervenendigungen und somit für den erfrischend kühlenden Effekt verantwortlich.
Heilwirkung:
Pfefferminztee ist ein überzeugendes Magenmittel, wenn Übelkeit, Brechreiz oder akutes Erbrechen im Vordergrund stehen. Durch das Menthol besitzt die Pfefferminze auch antiseptische, desinfizierende Eigenschaften. Pfefferminze wird auch eingesetzt als choleretisches, also galletreibendes Mittel bei Gallenblasenleiden mit herabgesetzter Gallesekretion. Durch ihren Gerbstoffgehalt hat die Pfefferminze bei Durchfall adstringierende Wirkung und zeigt sich ferner sekretionsmindernd im Bereich der Nasenschleimhaut. Deshalb wird sie auch bei Erkältungskrankheiten geschätzt.
Verwendung:
Man verwendet die Blätter vorzugsweise frisch, aber auch getrocknet sind sie noch aromatisch. Aus Pfefferminze lassen sich Tee, Likör und Limonade herstellen. Pfefferminze ist ein beliebtes Küchenkraut in der thailändischen Küche, aber auch in der englischen Küche nicht unbekannt. Man denke an die Minzsauce zu Lamm.

Portulak

(Portulaca oleracea)

Aussehen und Geschmack:
Portulak ist eine Pflanze mit fleischigen, saftigen Blättern und gelblichen Blüten. Es hat einen erfrischenden, etwas scharfen Geschmack.
Inhaltsstoffe:
Im Portulak sind verschiedene Vitamine, Mineralstoffe, Zucker und Eiweiß enthalten.
Heilwirkung:
Portulak verhindert eine Überproduktion von Magensäure, deshalb ist es wohltuend bei Sodbrennen. Durch seine harntreibende Wirkung wird es in der Volksmedizin bei Blasen- und Nierenleiden eingesetzt. Auch bei Schlafstörungen soll es angeblich helfen.
Verwendung:
Das frische Kraut wird als Gemüse-, Salat- und Gewürzpflanze verwendet. Man sollte allerdings beachten, daß beim Kochen wertvolle Inhaltsstoffe verlorengehen. Die saftigen, dicken Blätter eignen sich besonders für Salate und Rohkost. Aber auch in Suppen und Saucen paßt Portulak.

Quitte

(Cydoma oblonga)

Aussehen und Geschmack:
Die Quitte gehört in die Familie der Rosengewächse. Man unterscheidet die runde Apfelquitte und die längliche Birnenquitte. Die zitronengelbe Frucht enthält dunkle Samen. Das Fruchtfleisch ist hart und wird erst durch Kochen weich und saftig. Die Quitte hat einen intensiven, typischen Geruch und schmeckt herb-säuerlich.
Inhaltsstoffe:
In ihr enthalten sind Vitamin C, Mineralstoffe und Spurenelemente sowie Pektin. Gerbstoffe geben der rohen Frucht einen zusammenziehenden Geschmack. Die Samen enthalten besonders viel Schleim.
Heilwirkung:
Durch den Gehalt an Schleimstoffen wirkt die Quitte günstig bei Husten und Halsbeschwerden sowie lindernd bei Magen-Darm-Erkrankungen.
Verwendung:
Die Quitte läßt sich nur in verarbeitetem Zustand genießen. Sie schmeckt hervorragend als Konfitüre, Gelee, Marmelade und Kompott, als Sirup oder Saft. Eine besondere Leckerei sind Quittenkonfekt sowie Quittenbrot. In der türkischen Küche werden Quitten auch zusammen mit Lammfleisch verarbeitet.

Radieschen

(Raphanus sativus var. radicula)

Aussehen und Geschmack:
Radieschen gehören zur selben Familie wie der Rettich. Man verwendet ebenfalls die Wurzeln, aber auch die Blätter sind schmackhaft. Die kleinen, fleischigen Wurzeln sind von roter oder rotweißer Farbe; sie sind rund oder oval-länglich und haben einen angenehmen, scharfen, etwas beißenden Geschmack.
Inhaltsstoffe:
In den Radieschen enthalten sind Senföl, ätherisches Öl mit Raphanol, Raphanin, Vitamin C, B2 und Mineralstoffe.
Heilwirkung:
Radieschen wirken anregend auf die Verdauungsorgane. Raphanin hemmt zudem das Wachstum von Bakterien.
Verwendung:
Radieschen sind Gemüse und Gewürz zugleich. Man sollte sie möglichst frisch verwenden. Mit den feingehackten Blättern lassen sich Suppen und Saucen würzen. Die Radieschen schmecken gut mit etwas Salz bestreut, man kann aus ihnen aber auch einen Salat bereiten oder sie einem gemischten Salat beigeben.

Rettich

(Raphanus sativus)

Aussehen und Geschmack:
Der Rettich – nicht identisch mit dem Kren, dem Meerrettich also – ist eine uralte Zuchtform. Zusammen mit Knoblauch gaben die alten Ägypter den Arbeitern an den Pyramiden reichlich Rettich, um sie gesund und leistungsfähig zu erhalten. Man unterscheidet den weißen Rettich oder Gartenrettich vom schwarzen oder Winterrettich. Die Außenhaut ist verschieden gefärbt, das Fleisch ist aber immer weiß. Die fleischige, rübenartige, ovale oder rundliche Wurzel schmeckt brennend-würzig und scharf.
Inhaltsstoffe:
Der Rettich enthält schwefelhaltiges ätherisches Öl mit Allyl- und Butylsenföl sowie Zucker. Vitamin C ist besonders auch im Kraut vorhanden.
Heilwirkung:
Rettichsaft wirkt gegen Husten sowie bei Leber- und Galleleiden. Im süddeutschen Raum, wo wesentlich mehr Rettich gegessen wird als in Norddeutschland, sind weit weniger Gallenblasenentzündungen zu verzeichnen. Man glaubt, dies dem Rettich zuschreiben zu können. Rettich fördert ferner die Produktion von Verdauungssäften und die Nieren werden zu vermehrter Harnproduktion angeregt.
Verwendung:
Rettich wird, in dünne Scheiben geschnitten oder geraspelt, mit Salz oder als Salat in der bayrischen Küche verwendet.

Rhabarber

(Rheum palmatum)

Aussehen und Geschmack:
Zu Heilzwecken wird die rübenförmige, getrocknete Wurzel zu Pulver verarbeitet. Ihr Geschmack ist bitter, zusammenziehend. Der Gemüse- oder Gartenrhabarber besitzt saftig-fleischige, herbsäuerliche Blattstiele und ist grün- beziehungsweise rotfleischig. Er hat einen kräftigen Geschmack.
Inhaltsstoffe:
Anthragklykoside und freie Anthrachinone, Bitter- und Gerbstoffe, Pektin und Stärke sowie Oxalsäure, durch die der Rhabarber seinen säuerlichen Geschmack hat, sind enthalten.
Heilwirkung:
Dem Rhabarber wird milde Darmanregung mit direktem Angriffspunkt im Dickdarm sowie Unterstützung der Magentätigkeit zugeschrieben. In geringen Dosen hilfreich bei Magen-Darm-Katarrhen.
Verwendung:
Die pulverisierte Wurzel des Medizinalrhabarbers wird als Medikament verwendet. Der Gartenrhabarber läßt sich zu Kompott, Marmelade oder Konfitüre, Gelee oder Saft verarbeiten. Auch als Tortenbelag oder Dessert schmeckt Rhabarber köstlich.

Rosmarin

(Rosmarinus officinalis)

Aussehen und Geschmack:
Rosmarin ist ein stattlicher, aromatisch riechender Strauch, der sogar bis zu zwei Meter hoch werden kann. Zum Würzen nimmt man die Blätter, die, ähnlich Tannennadeln, schmal und ledrig sind. Wie bei vielen Kräutern ist auch hier zu empfehlen, den Rosmarin frisch zu verwenden. Er kann aber auch im Sommer gesammelt, vorsichtig getrocknet, dann zerstoßen oder gemahlen werden. Der Rosmarin hat einen typischen Duft, hervorgerufen durch den sogenannten Rosmarinkampfer, und einen angenehmen, intensiven Geschmack.
Inhaltsstoffe:
Rosmarin enthält ätherisches Öl mit Rosmarinkampfer, daneben Gerb- und Bitterstoffe, Harze und Flavonoide.
Heilwirkung:
Rosmarin wirkt anregend und belebend auf den Kreislauf, besonders bei niedrigem Blutdruck, und ausgleichend auf das Nervensystem. Schwindel und Müdigkeit lassen nach, die Verdauung wird angeregt, die Abgabe von Verdauungssäften gefördert.
Verwendung:
Rosmarin ist ein köstliches Gewürz, ohne das zum Beispiel die italienische Küche unvorstellbar wäre. Es paßt zu Braten oder Grillgerichten, zu Geflügel, besonders aber zu Lammfleisch. Gemüse- und Fleischeintöpfe, Suppen, Fisch, Kartoffeln, Pilze oder Käse vertragen ohne weiteres, mit Rosmarin gewürzt zu werden. Auch Saucen lassen sich hervorragend mit Rosmarin aromatisieren.

Rote Bete

(Beta vulgaris)

Aussehen und Geschmack:
Die rote Bete ist ein tiefrotes, fleischiges Wurzelgemüse, das einen angenehmen Geschmack hat und sich gut lagern läßt.
Inhaltsstoffe:
Eiweiß, Mineralstoffe und Spurenelemente wie Kalium, Natrium, Kalzium, Phosphor, Eisen sowie Vitamin C und Folsäure sind in der roten Bete enthalten.
Heilwirkung:
Der Rote-Rüben-Saft wirkt vorbeugend gegen Erkältungskrankheiten und andere Infektionen. Wegen ihres Eisengehalts fördert rote Bete die Bildung der roten Blutkörperchen und ist allgemein stoffwechselanregend. Auch bei niedrigem Blutdruck und Nervosität ist rote Bete empfehlenswert.
Verwendung:
Nach dem Kochen wird die rote Rübe geschält und in Salaten oder Suppen, als Gemüse oder in Essig eingelegt verwendet. Eine Borschtsch ist ohne rote Bete unvorstellbar. Aber nicht nur wegen des angenehmen Geschmacks, sondern auch zum Einfärben von Lebensmitteln verwendet man rote Rüben.

Safran

(Crocus sativus)

Aussehen und Geschmack:
Das Safrangewürz wird aus der dreiästigen, orangefarbenen Blütennarbe des orientalischen, hellviolettblühenden echten Safrans, einer Krokusart, gewonnen, die vor allem in Südeuropa gezüchtet wird. Die getrockneten Blütennarben sehen wie dunkelrote kurze Fäden aus; etwa 70–80 000 davon ergeben ein Pfund. Dies erklärt, warum Safran das teuerste Gewürz der Welt ist. Safran hat einen zart-bitteren, würzigen Geschmack.
Inhaltsstoffe:
Safran enthält hauptsächlich ätherische Öle und glykosidische Farbstoffe.
Heilwirkung:
Safran hat eine krampfstillende Wirkung und hilft in galenischen Zubereitungen gegen Regelstörungen und kräftigt in kleinen Mengen den Uterus. In der Homöopathie wird Safran als Beruhigungsmittel und gegen Depressionen eingesetzt.
Verwendung:
Safran ist sowohl Färbemittel (»Safran macht den Kuchen gel«) wie auch Gewürz; in der Antike und im Mittelalter wurde erauch als Parfüm benützt. Safran gibt hellen Saucen, Bouillons, Geflügel- und Fleischgerichten eine besondere Note und Farbe. Eine Vielzahl regionaler Gerichte – wie Bouillabaisse, Paella oder Risotto milanese – verdanken ihre besondere Charakteristik dem Geschmack und der Färbekraft des Safrans. Safran sollte nie – ebenso wie Paprikapulver – in heißes Fett gegeben werden, da er sonst verbrennt.

Salbei

(Salvia officinalis)

Aussehen und Geschmack:
Es gibt verschiedene Arten, die sich in Größe, Form und Behaarung der Blätter sowie in Blütenfarbe und Aroma unterscheiden. Der dalmatinische Salbei gilt als der aromatischste. Auch hier gilt: Frisch schmeckt Salbei am besten. Er läßt sich aber auch getrocknet und zu Pulver verarbeitet verwenden. Typisch ist die filzige Behaarung der Blattunterseiten. Salbei hat einen herbwürzig kräftigen Geruch und einen bitteren, leicht zusammenziehenden Geschmack.

Inhaltsstoffe:
Ätherisches Öl, Gerb- und Bitterstoffe sowie Flavonoide sind Wirkstoffe des Salbeis.

Heilwirkung:
Salbei ist als Heil- und Gewürzpflanze vielseitig verwendbar. Salbei-Tee heilt Entzündungen am Zahnfleisch, in Mund und Rachen. Er wirkt beruhigend, setzt die Schweißabsonderung herab und beeinflußt Magen und Darm günstig. Das ätherische Öl hat eine krampflösende und desinfizierende Wirkung, der Gerbstoffgehalt unterstützt diese Wirkung bei Durchfällen. Die Bitterstoffe regen die Verdauung an und machen schwere Mahlzeiten bekömmlicher.

Verwendung:
Auch hier sollte man dem frischen Gewürz den Vorzug geben. Wie andere aromatische Küchenkräuter sollte man Salbei fein gehackt vor dem Servieren Suppen, Eintöpfen und Gemüsegerichten beigeben. Salbei paßt hervorragend zu Braten, besonders vom Kalb, zu Geflügel und Fischgerichten. Ein Aalgericht wird durch Salbei bekömmlicher. Auch Eier, Gemüse und Tomaten lassen sich mit Salbei würzen.

Sauerampfer

(Rumex acetosa)

Aussehen und Geschmack:
Der Sauerampfer hat wie kleine Lanzen geformte Blätter und wird 30 bis 60 Zentimeter hoch. Die Pflanze hat einen angenehm säuerlichen Geschmack.

Inhaltsstoffe:
Die Wirkstoffe des Sauerampfers sind Kaliumoxalat, Oxalsäure, Gerb- und Mineralstoffe sowie Vitamin C und ein Flavonglykosid.

Heilwirkung:
Sauerampfer wirkt appetitanregend und durch seinen Vitamingehalt bei Erkältungskrankheiten wohltuend.

Verwendung:
Sauerampfer schmeckt in Salaten, in Suppen und Saucen, besonders in der »Grünen Sauce«. Feingehackte Sauerampferblätter geben Quark und Joghurt einen erfrischenden, aparten Geschmack.

Schlafmohn

(Papaver somniferum)

Aussehen und Geschmack:
Schlafmohn wird vor allem im Vorderen und Mittleren Orient zur Opiumgewinnung angebaut. Die Pflanze wächst etwa einen Meter hoch und besitzt buchtig-gezähnte längliche Blätter, die, ebenso wie die Blütenstiele, borstig behaart sind. Die Pflanze enthält in allen Teilen einen weißen Milchsaft. Aus der meist roten Blüte entwickelt sich die Fruchtkapsel, aus deren Milchsaft das Opium gewonnen wird und die nach der Reife die fast geruch- und geschmacklosen Mohnsamen enthält. Die Mohnsamen müssen in vollständig reifem Zustand geerntet und getrocknet werden, sonst schmecken sie bitter oder modrig.
Inhaltsstoffe:
Mohnsamen und -blätter enthalten bis zu 50% Öl und geringe Mengen von Alkaloiden. Der Opium-Wirkstoff Morphin ist in den Samen nicht enthalten.
Heilwirkung:
Die schlaffördernde Wirkung der im Mohnsamen enthaltenen Alkaloide ist seit frühen Zeiten bekannt; noch heute wird Kindern in manchen Gegenden der Welt zum Einschlafen ein mit Mohnsamen gefülltes Stoffsäckchen als Schnuller verabreicht.
Verwendung:
Mohnsamen entwickelt seinen charakteristischen, feinen, nußähnlichen Geschmack erst beim Backen oder Kochen. Man verwendet ihn daher als aromatische Zutat zu Semmeln und anderem Gebäck oder als Kuchen- und Strudelfüllung sowie zu anderen Süßspeisen.

Schnittlauch

(Allium schoenoprasum)

Aussehen und Geschmack:
Schnittlauch gehört zu den Zwiebelgewächsen mit röhrenförmigen Blättern, die, sind sie jung und frisch, einen einzigartigen, zwiebelig-scharfen, erfrischenden Geschmack haben. Da beim Kochen die Würzkraft verlorengeht, sollte man den Schnittlauch immer roh verwenden.
Inhaltsstoffe:
Vitamin C und B2, Carotin, ätherisches Öl, Mineralstoffe und Spurenelemente wie Eisen, Kalzium, Kalium, Natrium und Phosphor sind im Schnittlauch enthalten.
Heilwirkung:
Schnittlauch gilt als mildes Abführmittel. Der Appetit wird angeregt, die Verdauung gefördert.
Verwendung:
Er schmeckt feingeschnitten an Quark und Eierspeisen, an Salaten, Saucen, Marinaden und Mayonnaisen, über fertige Suppen gestreut, zu Kartoffeln und Fisch. Ein Butterbrot, mit Schnittlauchröllchen belegt, ist eine köstliche Angelegenheit.

Sellerie

(Apium graveolens)

Aussehen und Geschmack:
Man unterscheidet Wurzel-, Schnitt- und Bleichsellerie, von denen man die Früchte, das Kraut und die Wurzel verwenden kann. Sellerie hat einen kräftig-würzigen Geschmack.
Inhaltsstoffe:
Im Sellerie enthalten sind ätherisches Öl, Provitamin A, Vitamine B und C sowie Mineralstoffe.
Heilwirkung:
Sowohl der frische Saft aus den Wurzeln und dem Kraut als auch die Früchte und das daraus gewonnene ätherische Öl wirken wassertreibend. Sellerie besitzt angeblich eine aphrodisierende Wirkung, hervorgerufen durch vermehrte Durchblutung der Beckenorgane.
Verwendung:
Aus der Sellerieknolle kann man einen Salat herstellen, sie paßt auch in gemischte Salate und auf Rohkostplatten, als Gemüseeinlage in Eintöpfen und Suppen. Saucen, Hackfleisch- und Grillgerichte lassen sich mit getrocknetem, gemahlenem Sellerie würzen.

Senf

(schwarz: Brassica nigra, weiß: Sinapis alba)

Aussehen und Geschmack:
Der als Kulturpflanze angebaute Senf gehört zu den Verwandten des Kohls, wächst ungefähr einen Meter hoch, ist im unteren Bereich behaart und verästelt sich nach oben. Die Stengelblätter stehen wechselständig und sind in der Pflanzenmitte charakteristisch gesägt. Die gelben Senfblüten stehen in lockeren Dolden. Die dunkelbraunen oder gelblichen Samen entwickeln sich in langen Schoten. Die Samenkörner haben rettichartigen würzigen Geschmack und enthalten bis zu 30% Öl.
Inhaltsstoffe:
Wirksamer Bestandteil ist das Glukosid Sinigrin, das durch Wasser und das in den Senfsamen enthaltene Enzym Myrosin in Traubenzucker und Allylsenföl gespalten wird. Zudem sind im Senfsamen fette Öle, Proteine und Schleimsubstanzen enthalten.
Heilwirkung:
Ein Brei aus zerkleinerten Senfkörnern oder Senfmehl (Senfpflaster) regt die Hautdurchblutung kräftig an und wird bei Rippenfellentzündung und rheumatischen Erkrankungen empfohlen. Mit Alkohol verdünntes Allylsenföl ist ein Einreibemittel. Innerlich helfen Senfsamen oder auch fertiger Speisesenf gegen verschiedenste Magen- und Darmbeschwerden, regen Appetit und Stuhlentleerung an: selbst bei Magengeschwüren soll Senf geholfen haben.
Verwendung:
Senf ist eines der gesündesten Gewürze überhaupt und fehlt in fast keiner Küche der Welt. Senfsamen werden ganz, grob oder feingemahlen verwendet; Speisesenf gibt es in unzähligen Varianten und Geschmacksrichtungen. Zubereiteter Speisesenf dient zum Bestreichen von Fleisch vor dem Braten und zur Zubereitung von Senfsaucen. Senfkörner gehören zu eingelegten Gurken, Essigfrüchten und -gemüsen und in Essig eingelegtem Fisch, allgemein zum Beizen und Pökeln, auch als Wurstgewürz. Senföl dient in der indischen Küche zum Braten und zur Zubereitung von scharfen Pickles.

Spargel

(Asparagus officinalis)

Aussehen und Geschmack:
Der Spargel ist aus dem Orient zu uns gekommen und erfreut sich größter Beliebtheit. Er wird in großer Menge kultiviert. Die jungen weißen Triebe oder Sprossen sollen fingerdick und festköpfig sein, will man sie ernten. Ist der Spargel weiß, waren die Köpfchen noch unter der Erdkruste; sind sie hingegen weiß-violett verfärbt, haben sie es bereits aus dem Erdboden herausgestreckt. Der grüne Spargel wächst noch weiter aus der Erde heraus, Chlorophyll bildet sich und gibt die Farbe.

Inhaltsstoffe:
Asparagin, Arginin, Asparagose, Glykosid, Flavonine, ätherisches Öl, Mineralstoffe wie Phosphor, Eisen und Kalzium sind im Spargel enthalten. Spargel ist für die Ernährung wertvoll wegen seines Gehaltes an Vitamin C, B-Vitaminen und Karotin. Das Vitamin C reichert sich an, wenn die Sprossen etwas aus der Erde herausgewachsen sind. Durch seinen hohen Wassergehalt ist Spargel kalorienarm.

Heilwirkung:
Spargel ist durch seine nierenanregende und harntreibende Wirkung hilfreich bei Nieren- und Blasenleiden, wirkt gewebsentschlackend und -reinigend.

Verwendung:
Als Heilmittel ist besonders der Tee aus der geschnittenen Wurzel zu empfehlen. In der Küche ist Spargel als Gemüse, als Salat oder Suppe geschätzt. Am besten schmecken die mit feinen Schuppen bedeckten Köpfchen, die Spargelspitzen.

Spinat

(Spinacia oleracea)

Aussehen und Geschmack:
Man verwendet die saftigen Blätter, die oval bis länglich, gewellt oder gekräuselt sind und lange, kantige Stiele haben. Der Spinat ist im Frühjahr und Herbst fein und zart, im Winter etwas kräftiger. Man unterscheidet die einzelnen, losen Blätter als Blattspinat und die ganzen, direkt über dem Wurzelhals abgeschnittenen Pflanzen als Wurzelspinat. Junger Spinat schmeckt mildaromatisch, älterer etwas bitter. Bevorzugt man einen kräftigeren Geschmack, sollte man italienischen Spinat verwenden.

Inhaltsstoffe:
Im Spinat enthalten sind Vitamine A, B2 und C, Eisen, Eiweiß, Oxalsäure und Bitterstoffe sowie Nitrat in den Stengeln.

Heilwirkung:
Durch den Oxalsäuregehalt wirkt Spinat leicht abführend und verdauungsanregend. Bitterstoffe fördern den Gallefluß.

Verwendung:
Man kann den Spinat frisch oder tiefgefroren als Gemüse verwenden. Er paßt besonders gut zu Eiergerichten.

Sternanis

(Illicum verum)

Aussehen und Geschmack:
Der Sternanisbaum kommt aus Südchina und gehört zur Familie der Magnoliengewächse. Als Gewürz verwendet man die etwa markstückgroßen, sternförmigen braunen Früchte, deren Strahlen wie die Speichen eines Rades in der Mitte zusammenlaufen. Jedes Teilstück ist eine Frucht mit glänzendem braunen Samen. Unzerkleinert ist Sternanis jahrelang haltbar. Mahlt man den Sternanis, entwickelt er durch freiwerdendes ätherisches Öl einen anisartigen Geruch. Er hat einen würzig-süßlichen Geschmack, ähnlich dem europäischen Anis, aber noch etwas intensiver. Sternanis ist aber mit dem europäischen Anis nicht verwandt.

Inhaltsstoffe:
Wichtigster Wirkstoff des Sternanis ist Anethol. Außerdem ist ätherisches Öl enthalten.

Heilwirkung:
Sternanis galt früher als Mittel zur Beruhigung und Stärkung.

Verwendung:
Man verwendet Sternanis ähnlich dem europäischen Anis in Tee sowie heißen Rum- und Punschgetränken. Er eignet sich hervorragend zum Würzen von Obstkompott, Pflaumenmus und Weihnachtsgebäck. Sternanis ist ein Muß für Leb- und Pfefferkuchen. In der östlichen Küche verwendet man ihn gern zu Schweinefleisch und Geflügel.

Thymian

(Thymus vulgaris)

Aussehen und Geschmack:
Thymian ist ein kleiner Halbstrauch aus der Familie der Lippenblütler, der 10 bis 40 Zentimeter hoch wird. Er ist eine immergrüne Pflanze mit kleinen grau-violetten Blüten, riecht aromatisch und hat einen stark würzenden, bitteren Geschmack. Die bekannteste Form ist der Gartenthymian. Andere Thymianarten, wie Feldthymian oder Quendel, duften nach Zitrone.

Inhaltsstoffe:
Thymian enthält ätherisches Öl, unter anderem Thymol, das für den typischen Geruch verantwortlich ist, sowie Gerb- und Bitterstoffe, Saponine, Flavone und Harze.

Heilwirkung:
Das ätherische Öl ist Hauptwirkstoff, weshalb dem Thymian krampflösende und desinfizierende Wirkung zugeschrieben wird. Lunge und Bronchien, Magen und Darm sind die Organe, denen Thymian hauptsächlich Hilfe bringt. Auf den Verdauungstrakt wirkt Thymian belebend, der Appetit wird angeregt, die Mahlzeiten besser verdaut.

Verwendung:
Frischer Thymian ist getrocknetem vorzuziehen. Da er bei Wärme noch besser sein Aroma entfaltet, sollte man ihn mitkochen lassen. Quendel kann ähnlich wie Gartenthymian verwendet werden, er ist allerdings weniger intensiv. Thymian paßt hervorragend zu Lamm, Kalb und Wild, in Suppen und Kräutersaucen. Auch Gemüse wie Zucchini, Tomaten, Auberginen etc. kann man mit ihm würzen. Thymian ist das Gewürz für fette Speisen, die durch ihn nicht nur geschmacklich bereichert, sondern auch leichter verdaut werden. Alles was fett ist, verträgt Thymian. Zusammen mit Rosmarin und etwas Salz ergibt er eine empfehlenswerte Gewürzmischung für fette Fleischeintöpfe.

Veilchen

(Viola odorata)

Aussehen und Geschmack:
Das Veilchen gehört zu den Pflanzen, die den Frühling ankündigen. *Viola odorata*, das wohlriechende Veilchen, März- oder auch Heckenveilchen genannt, hat herzförmige Blätter und duftende, dunkelviolette Blüten. Man verwendet sowohl Blüten als auch Blätter.

Inhaltsstoffe:
Saponine und Bitterstoffe sind unter anderem im Veilchen enthalten.

Heilwirkung:
Bei Halsentzündungen, Bronchitis mit festsitzendem Schleim und zur Blutreinigung sind Veilchen hilfreich. Es wirkt auch lindernd bei Keuchhusten und ist hilfreich bei verschiedenen Hautkrankheiten. Veilchenblütentee gilt als leicht harntreibend und ausschwemmend. Veilchensirup als Hustenmittel.

Verwendung:
In der Küche verwendet man kandierte Veilchenblüten zum Garnieren von Süßspeisen und Torten, die frischen Blätter zum Würzen von Suppen. Als Hausmittel: Veilchensirup und Tee.

Waldmeister

(Galium odoratum)

Aussehen und Geschmack:
Der Waldmeister ist eine Pflanze von 10 bis 20 Zentimeter Höhe. Das Kraut wird zur Blütezeit gesammelt, es wird gebündelt und an einem schattigen Ort getrocknet. Erst beim Trocknen entwickelt sich der typische, angenehm würzige Waldmeisterduft. Waldmeister hat einen aromatischen, etwas bitteren Geschmack.

Inhaltsstoffe:
Für den charakteristischen Duft verantwortlich ist Cumarin, das beim Verwelken aus nichtriechenden Zuckerverbindungen freigesetzt wird. Daneben enthält Waldmeister Bitter- und Gerbstoffe, Fette, Zucker und Phenole.

Heilwirkung:
Waldmeister gilt als wirksam bei Leberstauungen, bei Darmstörungen und krampfartigen Zuständen. Er ist verdauungsfördernd und harntreibend, stärkend und leicht entzündungshemmend.

Verwendung:
Waldmeister ist bekannt und beliebt als Aromastoff für Limonade und Waldmeisterbowle. Man verwendet ihn in kleinen Mengen frisch oder getrocknet zum Aromatisieren von süßen Suppen, Obstsalaten, Süßspeisen, Pudding, Auflauf oder Kompott. Auch Salate und Rohkost lassen sich mit Waldmeister würzen.

Zimt

(Cinnamomum zeylanicum)

Aussehen und Geschmack:
Zimt gehört zur Gattung der Lorbeergewächse. Man unterscheidet verschiedene Qualitäten. Die feinste Sorte stammt ursprünglich aus Ceylon: *Chinnamomum zeylanicum*, der echte Zimt oder Ceylon-Kaneel. Der aus Südchina stammende Zimt ist etwas gröber: *Cinnamomum cassia*. Man verwendet die dunkelbraune Rinde der jungen Zimtbaumschößlinge, die Oberhaut wird entfernt. Nach dem Trocknen werden die Rindenstücke mit der Hand zusammengerollt. Ceylon-Zimt wird gemahlen und mit Kaneel gemischt. Zimt hat ein unverwechselbares Aroma – herzhaft, etwas scharf und zugleich süßlich. Cassia-Zimt ist dunkler und schärfer.
Inhaltsstoffe:
Ätherisches Zimtöl mit dem Hauptbestandteil Zimtaldehyd, Gerb- und Schleimstoffe, Harz und Kohlenhydrate sind im Zimt enthalten.
Heilwirkung:
Zimt wirkt appetitanregend und verdauungsfördernd. Er ist hilfreich bei Blähungen.
Verwendung:
Mit Zimt lassen sich Süßspeisen wie Bratapfel, Milchreis, Pfannkuchen, Honig- und Apfelkuchen, Strudel- und Milchspeisen würzen. Zimt paßt hervorragend an Apfel- und Birnenkompott, eingelegtes Obst, Obstsuppen und -saucen. Auch Gewürz- und Kräuterliköre, Punsch, Glühwein und Grog können Zimt vertragen. Wild und Geflügel, Schweine- und Sauerbraten kann man mit Zimt würzen. Zimt ist übrigens in fast allen Currymischungen enthalten.

Zitronenmelisse

(Melissa officinalis)

Aussehen und Geschmack:
Zitronenmelisse duftet, wie der Name schon sagt, nach Zitrone. Die jungen, frischen Melissenblätter schmecken angenehm aromatisch. Sie lassen sich auch trocknen, man muß sie aber in einem dicht verschlossenen Gefäß aufbewahren.
Inhaltsstoffe:
In der Zitronenmelisse sind enthalten: ätherisches Öl, Labiaten-Gerbstoffe, die der Kaffeesäure ähnlich sind, Schleimstoffe und Harze.
Heilwirkung:
Die Zitronenmelisse gilt als sogenanntes »Nervinum«, also allgemein nervenstärkendes und beruhigendes Mittel. Sie hilft bei nervösen Beschwerden des Magen-Darm-Traktes und des Herzens, bei Schlaflosigkeit und Migräne.
Verwendung:
Zitronenmelisse paßt als Gewürz wunderbar in Salate, Suppen, Mayonnaisen und Saucen, aber auch zu Fisch und Fleisch, Wild und Geflügel, Gemüse und Pilzen. Man verwendet die Zitronenmelisse zur Zubereitung von Kräuterlikören und Bowlen. Eine besondere Delikatesse ist ein Melissensorbet.

Register

Alphabetisches Register

Register nach Sachgruppen

Kalte Vorspeisen und Salate

Warme Vorspeisen

Suppen

Fische, Krusten- und Schalentiere

Collection Rolf Heyne

Für Kenner, Könner und Genießer: Bücher von Wolfram Siebeck

Unentbehrlich für diejenigen, für die Kochen und Essen gleichbedeutend ist mit Vergnügen. Die gesammelten Erkenntnisse eines Gourmets, der auszog, die wirklich gute Küche kennenzulernen.

DIE SCHÖNSTEN UND BESTEN BISTROS VON PARIS
Mit über 90 Rezepten
und 190 Photos
von Peter Knaup
288 Seiten

NICHT NUR KRAUT UND RÜBEN
Ein Kochseminar deutscher Spezialitäten
140 Seiten mit 20 Farbfotos

EINE PRISE SÜDEN
Ein Kochseminar
der mediterranen Küche
140 Seiten mit 24 Farbfotos

WENN MADAME DEN DECKEL HEBT
Ein Kochseminar
der bürgerlichen
französischen Küche
144 Seiten mit
24 Farbfotos

FRISCH GEWÜRZT IST HALB GEWONNEN
Ein Kochseminar über
die Kunst des Würzens
140 Seiten mit 10 Farbfotos

DAS LECKERE DUTZEND
12 leichte Menüs für
Feinschmecker
152 Seiten mit 10 Farbfotos

DIE FEINSCHMECKER-KOCHSCHULE
160 Seiten mit 30 Rezepten
und 60 Fotos